La nueva dieta de Beverly Hills

Judy Mazel

La nueva dieta de Beverly Hills

martínez roca

Título original: *The New Beverly Hills Diet: Little Skinny Companion*

Traducido del inglés por Juan Carlos Jolly

Avenida Insurgentes Sur núm. 1898, piso 11
Colonia Florida, 01030 México, D.F.

Publicado mediante acuerdo con Health Communications, Inc.
Deerfield Beach, Florida, U.S.A

Primera edición (Martínez Roca México): marzo del 2003
ISBN: 968-21-1199-4

Diseño de portada: Carmen Ortega Casanovas

Impreso en los talleres de Litográfica Ingramex, S.A. de C.V.
Centeno núm. 162, colonia Granjas Esmeralda, México D.F.
Impreso y hecho en México-*Printed and made in Mexico*

www.editorialplaneta.com.mx

A mi padre y madre
–Ricardo y Laurel–
que me dieron todo lo que necesité.

Estar **FLACO** no significa estar en los huesos.

Estar **FLACO** es cuando uno puede
subir a la báscula y no dice: "Si tan sólo..."
"Si sólo pudiera perder cinco kilos" o "Sería perfecto si..."
"Sería grandioso si pudiera perder algunos kilos."

Estar **FLACO** significa ser perfecto ante nuestros propios ojos, independientemente de nuestro peso.

agradecimientos

Mis palabras no pueden expresar
lo mucho que ustedes participaron en el éxito
el amor y la gratitud que llenarán mi corazón
recordando que ustedes formaron parte.

Gracias a:

- Bikram Choudhury, por la fortaleza de tu compromiso, el conocimiento de las ondas y un impenetrable chaleco a prueba de balas.
- Cintra Brown, por enviarme directamente a la fuente
- Margie y Herman Platt, por su amor incondicional.
- Rick Goldstein, por estar en el lugar correcto en el momento adecuado, llevando una reluciente armadura.
- Patti Rose y Esther Reifer, por sus fuertes en la tormenta.
- Peter Vegso, por un cumpleaños fantástico.
- Mike Wyatt, por tener un peso genial con las palabras y a Holly.
- Leslie Dillahunt y Lightning Corp, por todo.

- Carol Maizel, por tu confianza.
- Gene Rosenbaum, por perder el tren y por establecer mi rumbo.
- David Eddy, por estar allí.
- Don Flynn y Michele Raffner, XTEL Communications, por mantener las líneas abiertas.
- Remy Smith, por la habitación con un futón.
- Frances Wymore, por salvar los días.
- Jody Nusser, por sus tipos de letra y anclas, por mantener mis flechas rectas y por sus fantásticas introducciones.
- Carla Becker, por sus adorables *buffets*.
- Matthew Diener, por los tambores de acero.
- Kim Weiss y Kim Morgan, por difundir la palabra.
- Jerry Criscuolo, por la olla de oro al final del arco iris y Rosa Mezistrano, por los cielos soleados.
- Dan Allen y Lori Helton, por las fantásticas costillas; Steve Messerer y Kristie Laufer; Erica Robertson y Micki Paul por lo básico: los textos y el dinero; Ana Lisa Bautista y Julie Martin, por el cuidado, alimentación y retroalimentación; y Judy Deignan, por sus "dulces" sonrisas.
- Jennifer Jordan y Emily Lenzner, por tomar un bocado; Ray Russo y Hugh Devlyn, por "You", una posada muy especial en Queen Anne, y mi Samadhi.
- El rabino Allan Schranz, por plantar las semillas.
- Janie Greenspun Gail, por haberlo puesto todo en marcha.
- Y Al Guruji Paramahansa Yogananda, por llevarme a la orilla sin permitir que me ahogara.

En el próximo libro, espero porde agradecerles a ustedes por ser mi mejor ejemplo...

prefacio

Se estima que sesenta millones de estadounidenses tienen exceso de peso. Es seguro decir que la mayoría de ellos no están contentos al respecto:

- Han intentado una y otra vez seguir las dietas de moda.
- Se han afiliado a gimnasios y clubes de salud.
- Se han privado de la comida que les encanta.
- Han seguido programas rígidos de autonegación y sacrificio buscando un resultado prometido que resultó ser evasivo.

Y nada de eso funcionó. A pesar de sus mejores esfuerzos y de sus más fervientes esperanzas, nada ha funcionado para darles el cuerpo que quieren y mantenerlo... hasta ahora.
Pero el exceso de peso ¡ya pasó!

introducción

Han pasado 15 años desde la publicación de mi libro original *La dieta de Beverly Hills.* Ni siquiera en mis sueños más alocados pensé que escribiría *La nueva dieta de Beverly Hills.*

Muchas personas perdieron peso mientras seguían mi dieta original. Aprendieron acerca de la combinación consciente, la base de mi dieta, y desarrollaron un estilo de vida alimenticio saludable que los ha mantenido delgados. Yo también he aprendido. A lo largo de 15 años de refinación, ajustes y ampliación de mi técnica de combinación consciente, he aprendido que es sumamente susceptible de expansión.

¿Qué tiene de novedoso *La nueva dieta de Beverly Hills?*

El libro original se leía en una o dos sesiones, al cual se hacía referencia después como guía.

La nueva dieta de Beverly Hills es un sistema diario de soporte, una guía que te lleva de la mano para interactuar cada día.

La nueva dieta de Beverly Hills no es una dieta; es un plan de estilo de vida alimenticio, que se enfoca en la adopción personal de la técnica de la combinación consciente, que introduje por primera vez en 1981 en libro original.

Esta dieta representa 15 años de investigaciones y experimentos; de vigilar de cerca el progreso de los clientes; de tomar abundantes notas; de refinar, modificar, ajustar, extender y ampliar la premisa original de la combinación consciente hasta alcanzar su máximo potencial.

La dieta de Beverly Hills original empezaba con 10 días de frutas, y no incluía proteínas animales sino hasta el día 19. *La nueva dieta de Beverly Hills* incluye alimentos de todos los grupos, incluso proteínas animales, desde la primera semana, cumpliendo con todas las normas establecidas por el Comité del Senado estadunidense sobre nutrición y necesidades humanas, para recomendar una dieta semanal equilibrada.

En la primera semana de *La nueva dieta de Beverly Hills* usted podrá comer elotes, papas horneadas (incluyendo mantequilla), pasta, frutas frescas, carne de res, camarones (o la proteína animal que elija), ensaladas con aderezos que incluyan aceite de oliva y vinagre auténticos. No existe control de las porciones, e incluso podrá tomar vino y champaña si lo desea.

La dieta original era un régimen estructurado de alimentación de 42 días que permitía desviaciones y opciones alimenticias muy limitadas. La nueva fomenta la alimentación abierta supervisada. Existen 21 comidas de elección abierta en el régimen de 35 días.

La dieta de Beverly Hills original tenía sólo nueve comidas con proteínas en 42 días. En *La nueva dieta de Beverly Hills* puede duplicar esa cifra a 18, dependiendo de sus propias selecciones.

No obstante, las recientes innovaciones no fueron mis únicas razones para escribir este nuevo libro. Por desgracia, durante la última década el procesamiento y la preparación de alimentos se han vuelto riesgos para la salud. Los colorantes artificiales, el uso indiscriminado de aceites hidrogenados y parcialmente hidrogenados (por ejemplo, semillas de algodón y de palma), sabores artificiales, hormonas de crecimiento (legales e ilegales), conservadores, altos niveles de sal, grasas de imitación y comidas chatarra, por nombrar sólo algunos, se han convertido en parte de la dieta cotidiana de innumerables familias.

Y el último de todos estos problemas no es la epidemia de obesidad. Esta no sólo afecta a los adultos, sino también a nuestros niños, incluso a los bebés alimentados con fórmulas que carecen de una verdadera sustancia nutritiva y que contienen además aceites hidrogenados y parcialmente hidrogenados. Nuestro estilo de vida, cada vez más ocupado, nos ha hecho bajar la guardia. Como sociedad, hemos permitido a las grandes empresas, en nombre de la conveniencia y el gusto, hacer lo que quieran con los alimentos que nos proporcionan.

Las cifras son espeluznantes. El 80 por ciento de los estadunidenses tienen sobrepeso. Las dietas "de moda", el conteo de calorías, autorizado por los médicos, las píldoras y los polvos que estos recetan, no funcionan. Según las estadísticas el 98 por ciento de las personas que hacen una dieta recuperan el peso que perdieron, con un poco más, en un año.

Es preciso dar la voz de alarma. La obesidad está en la primera línea de la crisis de salud del país. No sólo cuesta a millones de personas su salud y felicidad, sino que los problemas médicos relacionados con la obesidad anualmente representan millones de dólares en costos de atención médica. Y esta crisis no sólo aflige a Estados Unidos, donde uno de cada tres adultos de más de 30 años, y uno de cada cinco niños, es diagnosticado con obesidad clínica; sus efectos se sienten en el resto del mundo industrializado. Se trata de un problema global.

Mi libro y su mensaje son una respuesta. Definitivamente no se trata de una dieta, en el sentido al que estamos acostumbrados; en vez de ello, mi programa ofrece una oportunidad de asumir la responsabilidad por los alimentos que se ingieren y combinarlos con eficacia para una nutrición y esbeltez óptimas. En el libro se encontrará un plan alimenticio de estilo de vida que no sólo te convertirá en un delgado renacido, sino que te dará hábitos alimenticios saludables para mantenerte siempre así.

No obstante, *La nueva dieta de Beverly Hills* no sólo habla de aprender a combinar los alimentos, sino de nutrición, selección y preparación de alimentos, y ejercicios. Se trata de un sencillo programa alimenticio de 35 días que abarca alimentos e información nutricional "reales". Mi programa de pérdida de peso de 35 días no sólo te hará esbelto, sino que te proporcionará una plataforma de lanzamiento hacia una vida más saludable. Es la base para el desarrollo y mantenimiento de un estilo de vida alimenticio que te mantendrá delgado para siempre.

¡*La nueva dieta de Beverly Hills* es una llamada de atención que puede convertirte en un delgado renacido para siempre!

primera parte

bienvenido a la esbeltez permanente

uno

el peso ya terminó

Hamburguesas y huesos de la cadera... Pastel de queso y pómulos... Existe una olla de oro, llamada esbeltez eterna, al final del arco iris: un lugar donde puedes estar tan delgado como quieras por el resto de tu vida.

Bienvenido al mundo de los sueños hechos realidad, a una "dieta" que es un sueño hecho realidad. Este es el estilo de vida del programa alimenticio de *La nueva dieta de Beverly Hills*. Se trata de un programa sin control de porciones y sin alimentos prohibidos, uno que te permite consentirte con todas tus fantasías gastronómicas. Los *hot dogs* en el partido de béisbol. Papas fritas y una leche malteada. Al final podrás salir al público y tener ese romance al aire libre... con comida. Creeme, yo sé de comidas. También me encanta comer, y vivo para hacerlo. Cuando la comida está en mi boca, mi corazón canta y mi alma se eleva. Puedo competir contigo en fantasías alimenticias, pedazo a pedazo. No soy distinta a ti. Bueno, quizá un poco, porque ahora soy delgada. Pero tú lo serás también, una vez que te enseñe.

¿Puedes imaginarte en un mundo en el que no debas contar calorías o medir porciones? Un mundo sin "no" ni "nunca", sin comidas prohibidas, en el que no tengas que hacer trampa para comer algo, aun si ese algo es un pastel de queso con cubierta de chocolate. Bienvenido al mundo de los delgados renacidos.

Imagínate tan delgado como siempre has querido ser, comiendo como quieres hacerlo, de pie frente al fregadero, conduciendo el automóvil, ¡aun frente al refrigerador con la puerta abierta! No, no te limitaré a tres comidas al día, sin bocadillos intermedios. No tendrás que comer porciones más pequeñas, dejar la mitad o soltar el tenedor entre bocados. Tampoco tendrás que modificar tu conducta ni psicoanalizarte para entender por qué comes. La razón no importa. Lo que sí es importante es que nunca más tendrás que pasar hambre ni renunciar a tus comidas favoritas para tener el cuerpo que siempre has deseado, el que dentro de poco será tuyo... si estás dispuesto a renunciar a tres cosas: 1.la culpa; 2.la gordura; 3.todas tus ideas preconcebidas: todo lo que siempre te han enseñado a creer acerca de la grasa y la gordura, las dietas y seguirlas, porque ser delgado no tiene nada que ver con lo que uno come, o con las cantidades que ingiere, sino con el momento en que se come y los alimentos que se toman juntos.

Durante los próximos 35 días experimentarás una forma de comer que yo desarrollé primero para mí misma, para pasar de 82 kilos a los 49 que hoy peso. He enseñado esta forma de comer a millones de lectores y cientos de clientes personales: Liza Minelli, Jack Nicholson, Jodie Foster y María Shriver, por mencionar a algunos. Aprenderás que nada tiene por qué hacerte engordar, ni siquiera una rebanada de pizza de *pepperoni* con queso adicional. Verás que todo se encuentra en las enzimas.

Permíteme explicarte. El cuerpo humano está activado por enzimas, catalizadores biológicos que se encuentran en los alimentos que ingiere o que dicha comida promueve en el organismo. Existen tres grupos de alimentos: 1.proteínas; 2.carbohidratos; 3.grasas. Cada uno tiene un conjunto propio de enzimas. Una enzima de proteínas trabaja sobre estas, una enzima de carbohidratos funciona sobre ellos, y una de grasas lo hace sobre estas. No sólo no pueden cruzarse (una enzima de proteínas no funciona sobre un carbohidrato, ni una de carbohidratos trabaja sobre una proteína), sino que la presencia de una puede destruir el efecto de las otras.

¿Y qué relación tiene con tu peso? Las enzimas dividen los alimentos de modo que el cuerpo pueda digerirlos de manera adecuada y eficiente. Toda mi técnica alimenticia se basa en la hipótesis de que, si los alimentos no se digieren de manera adecuada, se convertirán en un exceso de peso. Cuando se mezclan demasiadas comidas de los distintos grupos (proteínas, carbohidratos, grasas), es decir, la comida balanceada básica, las enzimas se confunden, lo cual supone una ganancia de peso.

La anterior es sólo una descripción muy breve. Entraremos en mucho más detalle a medida que sigamos adelante.

En *La nueva dieta de Beverly Hills* aprenderás a hacer que las enzimas trabajen para ti al ingerir al mismo tiempo los alimentos que deberían ir juntos y contrarrestando los que no. Esto incluye todos los alimentos que has estado tomando y que te gustaría continuar comiendo. Ya sabes, todas las comidas engordadoras. Sin embargo, la diferencia radicará en que los comerás en combinaciones específicas y verás cómo la combinación adecuada de alimentos puede desencadenar una sorprendente pérdida y mantenimiento de peso. Algunos de los alimentos que ingieras quizá te parezcan extraños a primera vista, como las papayas y los mangos, y estoy segura que nunca se te habría ocurrido ingerir algunos de ellos en un programa de pérdida de peso (pastas, elotes, papas horneadas con mantequilla, aguacates e incluso postres).

Si te limitas a seguir mis instrucciones y comes lo que te pido (creeme, no te quedarás con hambre), pronto verás que existe un mundo esbelto y saludable más allá de la pechuga de pollo sin piel, del pescado seco y hervido, y del conocido "plato de dieta". Como esta dieta no se parece a ninguna otra que hayas seguido, será la última que sigas. ¡Esta vez adelgazarás y permanecerás delgado, no tengas dudas al respecto! Y sólo los huesos de la cadera los que surgirán de entre las montañas de carne. Te enseñaré una forma de comer que cambiará tu vida, del mismo modo que cambió la mía y las de muchas otras personas.

Nunca más tendrás que irte a la cama hambriento, privándote de todas las comidas que adoras o del cuerpo que quieres tener. Podrás tener ambos: hamburguesas y huesitos en la cadera, pastel de queso y pómulos resaltados; todas las comidas que te encantan y el cuerpo que siempre has soñado. En las siguientes cinco semanas ingerirás alimentos de todo tipo, incluso los que más te hacen engordar. Eso incluye todos los favoritos que, para comerlos, siempre debiste quebrantar una dieta. Verás que cuando estas comidas se combinan de manera adecuada con otras, no sólo no ganarás peso, sino que lo perderás.

La pérdida inicial de peso se logrará comiendo alimentos muy específicos y en un orden igual de específico. Si bien la mayor parte de las comidas se programarán para los próximos 35 días, tendrás 21 oportunidades para buscarlas, es decir, para comer los alimentos que te encantan, sin importar cuáles sean (pollo rostizado y papas fritas, incluso pastel de manzana con helado) y verás cómo pierdes peso alimentando tu cuerpo, no desnutriéndolo, y mantendrás del mismo modo esa pérdida. Son alimentos que te harán adelgazar y que te conservarán delgado... no son píldoras ni polvo químico o comidas preempacadas. Sólo comida, gloriosa comida. La vida, mi dentro de poco delgado amigo, es como un *smorgasbord*; una mesa escandinava de entremeses, un mundo de agasajos y experiencias alimenticias al gusto. Una mordida aquí, un trozo acá, sentarse para una comida, detenerse para un entremés. ¡Tus opciones son muy amplias y cielo es el límite! Y, creeme, existe una fantasía gastronómica, y puedes comer tu propio pastel. Los alimentos, la ingesta y el cuerpo que siempre has querido tener están allí para que los tomes.

No importa si viajas, sales a cenar todas las noches, celebras almuerzos de negocios, te encantan los almuerzos tardíos del domingo, o si estás estresado o deprimido, te sientes bien o mal. Ninguna de estas cosas te impedirán estar tan delgado como siempre has querido, no una vez que hayas adoptado y adaptado mi apasionante y única forma de alimentación. Y a medida que lo hagas, verás que las excusas, junto con los kilos, desaparecerán.

No importa quién eres ni dónde vives, cómo es tu vida o cuánto dinero tienes en el banco. Si estás dispuesto a aceptar que cualquier cosa que hayas estado haciendo, dentro o fuera de tu dieta, simplemente no está funcionando, y que aún no tienes el peso que deseas sin importar lo intensamente que lo hayas probado; y si aceptas que existe otra forma, y crees en ella, te prometo que, si me das sólo 35 días de tu vida y te comprometes a seguir mi programa al pie de la letra, no ¡fallarás! Adelgazarás y permanecerás delgado, de una vez por todas y para siempre.

A propósito, a partir de ahora, tienes un nuevo nombre. No te importará que te llame "flaco", ¿o sí?

dos

la vida en la senda de los elegidos

Hola, Flaco a punto de serlo. Estás en marcha en el programa de *La nueva dieta de Beverly Hills*. No, no se trata de una dieta más. Te estás embarcando en un programa de estilo de vida alimenticio que te retirará del carril de los gordos, de modo que puedas comenzar a vivir la vida en el carril de los delgados.

Como ya sabes, los cambios en los estilos de toda una vida, en especial los hábitos alimenticios, no son fáciles y no ocurren simplemente leyendo. Suceden día a día, y llevándolos a cabo. Así es precisamente como seguirás adelante con el nuevo programa de estilo de vida alimenticio, y leyendo la segunda mitad del libro: un día a la vez.

Descubrirás que la primera parte de este libro sigue un formato tradicional. Está dividido en capítulos, cada cual con su propio encabezado y tema, que te proporcionarán todos los hechos y cifras, los "por qué" y "por lo tanto". ¡Contienen todas las municiones intelectuales que necesitarás para luchar en la batalla de la gordura! Una batalla de la que, por fin, surgirás victorioso, porque yo estaré contigo en cada paso del camino.

¡Alégrate! La gordura dejará de ser tu enemigo y, a largo plazo, la comida se convertirá de verdad en tu mejor amiga.

En la segunda parte del libro llegaremos al grano; a los huesos. Llámalo el pan nuestro de cada día… un bocado por la noche antes de ir a la cama; un buen mordisco en la mañana cuando desayunas; nuestras propias sesiones personalizadas, del mismo modo que las breves pláticas cotidianas que tengo con mis clientes privados. La lectura de estos capítulos sólo te tomará aproximadamente diez minutos. Sin embargo, durante este tiempo que pasaremos juntos, aprenderás a aplicar mis técnicas, además de recibir todo el apoyo intelectual y emocional que necesitarás para pasar el día. No será particularmente difícil. ¿Qué tiene de difícil comer papas horneadas y elote rebosante de mantequilla? ¿Quién se negaría a cenar pasta sin controlar las porciones, filetes tan grandes como uno los desee, cocteles de camarones con salsa, o ensaladas tan grandes como quieras, y con tanto aceite de oliva como desees? Difícilmente lo describiría como un momento difícil en la prisión de las dietas. Y eso apenas es la primera semana.

Verás que todo es tal como lo prometí. ¡No tendrás hambre! Creeme, nunca me atrevería a permitir que abandonaras la mesa sintiéndote privado de alimentos, creyendo que no has comido lo suficiente o que eres una persona terrible porque quieres más. ¡Come! Sin importar cuán grande sea tu apetito, adelgazarás y, lo más importante, permanecerás delgado.

Nunca más tendrás que preocuparte por el tamaño de las porciones ni de eliminar la grasa del filete, pelar el pollo o siquiera considerar perderte las comidas que te gustan tanto. Todas estas serán parte de los siguientes 35 días.

Imagina lo que será esperar con ilusión el subir a la báscula. Mirarte en el espejo y ver el cuerpo que siempre te ha ilusionado tener. Que nunca más volverás a estar gordo. ¡Nunca!

Bueno, prepárate para una aventura en el mundo de la comida y los alimentos; comer y sentirse bien. Sentirte bien en lo físico, en lo espiritual y en lo emocional puede ser tuyo al confrontar, reconocer y abandonar tu personalidad gorda y permitir que surja tu alma delgada. Al desarrollar una voz delgada que superará la estridente y estentórea voz del gordo.

Confía en mí, depende de mí y, lo más importante, confía en tu yo delgado. Te prometo que, si lees mi libro del modo en que se diseñó, como te digo que lo leas, y sigues mis instrucciones, no fracasarás. Lo harás algo interno y lo sintetizarás, y todos tus sueños se volverán realidad. Por fin, estar delgado será una realidad perenne.

El entusiasmo de mis flacos renacidos alimenta mi programa, refuerza su validez y me impulsa a dedicar mi vida a perpetuarlo y a abolir la conciencia de la gordura que domina a tantos de nosotros. A continuación presento lo que algunos de ellos tienen que decir acerca del programa:

> HE ESTADO TRATANDO DE PERDER PESO Y MANTENERME DELGADA POR 20 AÑOS. PASÉ DE LA TALLA 18 A LA 14, Y ESTOY TAN SEGURA QUE NUNCA LO RECUPERARÉ, QUE ME DESHICE DE TODA MI ROPA VIEJA.
>
> Ramonia F., Maryland

> ANTES DE COMENZAR LA DIETA PESABA 90 KILOS Y MEDÍA SÓLO 1.53 METROS. SIGO MIDIENDO 1.53, PERO AHORA PESO 72 KILOS. HE PERDIDO 17 KILOS. MI META ES PERDER UN TOTAL DE 37. SÓLO ME FALTAN 20, Y HACERLO SERÁ MUY FÁCIL. ESTOY COMPARTIENDO ESTA DIETA CON TODAS MIS AMIGAS, DE MODO QUE SE SIENTAN BIEN CONSIGO MISMAS, TAL COMO YO. MUCHAS GRACIAS, JUDY.
>
> Bárbara R., Nueva York

Perder peso, lograr una conciencia positiva del cuerpo y sentirse bien con uno mismo no se limita a las mujeres; los hombres también tienen los mismos sentimientos:

> ESTOY ESCRIBIENDO ESTO PARA DECIRLE LO EXITOSA QUE ES SU NUEVA DIETA. ES UN LARGO CAMINO, PERO NO TANTO COMO PENSÉ QUE SERÍA... HASTA AHORA HE PERDIDO SIETE KILOS. GRACIAS POR HACERME VER Y SENTIR MEJOR.
>
> Matt S., Florida

> SOY UN EJECUTIVO DE NEGOCIOS RECIENTEMENTE RETIRADO Y DIVORCIADO. MI ESTILO ACTUAL DE VIDA ME PERMITE CONCENTRARME EN LO QUE ES DE VERDAD IMPORTANTE: YO MISMO. DESCUBRÍ SU NUEVA DIETA DE BEVERLY HILLS Y PENSÉ QUE DEBERÍA PROBARLA. CONSEGUIR LOS ALIMENTOS QUE USTED SEÑALA NO SUPUSO

PROBLEMAS, NI SIQUIERA PARA UN COMPRADOR NEÓFITO COMO YO. EN SEIS SEMANAS HE PERDIDO 12 KILOS. PERMÍTAME AGRADECÉRSELO Y DIFUNDIR SU EVANGELIO.

Bob F. Ohio

HE ESTADO A DIETA DURANTE DOS SEMANAS Y HE PERDIDO CUATRO KILOS SIN SIQUIERA TENER HAMBRE. ME SIENTO FANTÁSTICO, ME VEO FANTÁSTICO, Y RECOMENDARÍA ESTA DIETA A CUALQUIER PERSONA. P.D.: DESPUÉS DE DOS SEMANAS DE BUENA COMIDA CON MIS AMIGOS Y MI FAMILIA EN EUROPA, NO HE RECUPERADO NI SIQUIERA UN KILO.

Stephan A., Florida

Si consientes en nunca más matarte de hambre y en dejar de pensar que las papas y la pasta engordan; si la langosta y la mantequilla son más apasionantes que el pollo hervido sin piel; si los elotes y aguacates tienen más atractivo que el queso cottage y las rebanadas de jitomate; si las palomitas suenan más divertidas que las zanahorias, entonces *La nueva dieta de Beverly Hills* funcionará para ti.

LA NUEVA DIETA DE BEVERLY HILLS ME HA PERMITIDO PERDER 12 KILOS EN 43 DÍAS, A PESAR DE UNA SEMANA DE INDISCRECIÓN EN LA QUE ME REBELÉ EN CONTRA DE LA FRUTA Y OTRAS COSAS. NUNCA ANTES HABÍA PERDIDO PESO CON TANTA FACILIDAD. ESPERO TRATAR DE MANTENER ESTE SISTEMA DE COMBINACIÓN, PORQUE ME ENCANTA UNA REBANADA OCASIONAL DE PASTEL DE QUESO O DE PASTA CON ACEITE DE OLIVA Y AJO. PREFERIRÍA PODER COMER MUCHA FRUTA Y UTILIZAR ACEITE VERDADERO, MANTEQUILLA Y CREMA AGRIA, QUE COMER PORCIONES LIMITADAS DE ALIMENTOS DE DIETA E IMITACIONES DE ACEITE. POR SUPUESTO, ALGUNOS DÍAS ES ABURRIDO, ¿PERO QUÉ DIETA NO LO ES? CIERTAMENTE PREFERIRÍA TENER UN EMPAREDADO DE AGUACATE Y TOMATE CON UNA BUENA PORCIÓN DE MAYONESA, QUE 30 GRAMOS DE CARNE Y VERDURAS EN PAN DE DIETA CON LA CUCHARADITA PERMITIDA DE GRASA O UN HUEVO HERVIDO CUALQUIER DÍA. MIS HERMANOS SE LA PASAN ELOGIÁNDOME POR LO BIEN QUE ME VEO. ESPEREN CUANDO me vean en la fiesta anual del 4 de julio: lo haré un día de proteínas y comeré todas las costillas y pollo que quiera.

Lisa S., Maine

Durante seis meses estuve tratando de perder nueve kilos. Traté de detener esa locura, sin provecho. Escuché de *La nueva dieta de Beverly Hills*, en la que podría comer comida de verdad y perder peso. La probé y me sorprendieron los resultados; cuatro kilos la primera semana y kilo y medio en cada una de las subsecuentes para un total de nueve kilos. Comía una gran variedad de alimentos, desde pato y pizza a ternera a la romana con pasta; pollo a la parmesana; corned beef, pastrami, un plato de hígado picado con pan de centeno y pastelillos de papa; filetes y langosta con mantequilla auténtica. Incluso bebí cerveza y vodka, así como champaña y, por supuesto, comí mucha fruta. Continuaré siguiendo la dieta para perder tres o cuatro kilos adicionales, y luego mantener mi peso. Desde que comencé, algunas personas se han unido a mí y lograron grandes resultados. Mi hija, Samantha, perdió cinco kilos y medio en tres semanas. Recomendaría este plan a cualquiera que desee perder peso al tiempo que ingiere su comida cotidiana.

Marty B., Florida

Aprenderás que "romper la dieta" es algo del pasado; nunca más tendrá que comer bajo la mesa, porque no hay nada en dicha mesa que no pueda comer. El truco es aprender cómo y cuándo comer, y qué hacer para compensarlo.

Me fascinó saber que *La nueva dieta de Beverly Hills* no era en realidad una dieta, sino una forma de combinar alimentos para mejorar el proceso digestivo. Después de cinco semanas, ya tenía dos tallas menos y estaba feliz porque podía comer de esta manera para siempre, y permanecer delgada.

Ann A., Florida

NO ES POSIBLE "ROMPER LA DIETA", PORQUE JUDY ENSEÑA CÓMO COMBINAR LOS ALIMENTOS DE MANERA CONSCIENTE. SE COMBINAN DE MANERA ADECUADA Y LUEGO SE UTILIZA LA CONTRAPARTE CORRECTIVA. EN REALIDAD ES MUY DIVERTIDO. NO OBSTANTE, ES PRECISO TENER UN PLAN. USTED PLANEA COMER TODO LO QUE QUIERE, CÓMO Y CUÁNDO DESEA HACERLO. TODO DEPENDE DE TRES PEQUEÑAS PALABRAS: CÓMO, CUÁNDO, QUÉ.

Marian S., México

Aprenderás a lograr que todos los bocados cuenten, a experimentar con la comida y a hacerla toda una experiencia, a pensar en términos de comida cuando no es necesario, de modo que no sea preciso pensar en ella cuando sí lo sea.

APRENDÍ UNA NUEVA FORMA DE COMER. APRENDÍ A COMER FRUTAS QUE NUNCA PENSÉ QUE COMERÍA. APRENDÍ A PENSAR ANTES DE PONER NADA EN MI BOCA. APRENDÍ A GUSTARME A MÍ MISMO DE NUEVO. VEO A LAS PERSONAS, LAS VEO COMER Y PIENSO PARA MÍ, "DE HABER SABIDO..."

Dee G., Florida

Comprenderás y apreciarás que la comida, los maravillosos restaurantes y todo lo correspondiente a ella, estarán allí mañana. Si no puedes comerlos hoy, podrás hacerlo después; y si no más tarde, quizá mañana.

MI VIDA ES UN GRAN CARRUSEL DE FIESTAS DE COCTEL, ALMUERZOS Y BAILES DE CARIDAD. TODAS ESTAS FABULOSAS FIESTAS DE COMIDA SE HAN COLOCADO EN UN ANILLO DE SIETE KILOS ALREDEDOR DE MI CINTURA. LUEGO, PROBÉ SU DIETA. HOY, CINCO KILOS Y MEDIO MÁS LIGERA, ME SIENTO FANTÁSTICA, SÉ MUCHO MÁS DE NUTRICIÓN, DEJÉ DE COMER LAS COSAS SIMPLEMENTE PORQUE ESTAMOS EN EL MISMO LUGAR Y AL MISMO TIEMPO, Y HE DEJADO DE BUSCAR EL LIBRO QUE PROMETE CAMBIAR MI VIDA. EL SUYO LO HIZO, Y ME ENCANTA. SIMPLEMENTE SIGAN LLAMÁNDOME "FLACA".

Barbara N., Florida

SI BIEN AÚN NO LLEGO A MI META, ESTOY SEGURA QUE LA ALCANZARÉ EN BREVE Y, LO MÁS IMPORTANTE, PODRÉ MANTENER MI PESO IDEAL. ME SIENTO Y VEO BIEN ESTANDO MÁS DELGADA Y, LO MEJOR DE TODO, TENGO EL CONTROL, ALGO QUE NO HABÍA OCURRIDO EN MI CASO DURANTE VARIOS AÑOS. AUNQUE COINCIDO COMPLETAMENTE CON SU PROGRAMA, ESO NO SIGNIFICA QUE HAYA RESUELTO TODOS MIS PROBLEMAS DE DIETA. SIMPLEMENTE NO TENGO QUE ENLOQUECER AHORA CUANDO TENGO UN MAL DÍA. SÓLO PORQUE HAY UNA TORMENTA, NO TENGO QUE COMER TODO LO QUE ESTÁ A LA VISTA. AHORA SÉ QUE "NADA DEJARÁ EL PLANETA" Y QUE PUEDO COMER LO QUE QUIERA SI LO PLANEO.

Rae, Nueva York

¿Cuántos kilos has perdido usted en toda su vida, que luego recuperaste? ¿Estás listo para perderlos de nuevo, de una vez y para siempre? Bueno, ellos lo hicieron y adelgazaron. Yo lo hice y adelgacé. ¡Y tú también lo harás!

tres

de "gordo" a "fabuloso"

Durante los pasados 19 años, mi cuerpo de 1.62 metros no se ha apartado más que algunos kilos de su peso ideal de 49. Pero yo no siempre fui la persona delgada y esbelta que soy... Alguna vez fui una ballena hinchada y desteñida de 81 kilos. En realidad estoy exagerando. La cifra verdadera era 80 kilos con 700 gramos. Sin embargo, la sola mención de ese número aún me hace temblar al recordar el día en que lo enfrenté.

Aún puedo ver el rostro del médico mientras permanecía detrás de la báscula con los brazos cruzados, las fosas nasales temblando, a medida que sus ojos se llenaban de una repugnancia apenas encubierta. "Ochenta kilos con 690 gramos", dijo en un tono de voz plano y nasal. Mi cuerpo gordo y desnudo se ruborizó con un tono rojo brillante al verse humillado con su mirada.

¡Quería morirme! No era sólo un número; era un juicio. Nunca más regresé con otro dietólogo. Ese fue el último en una larga serie; el fin de 20 años de agonía como gorda y el nacimiento de una flaca.

No nací gorda; simplemente así me puse. Me convertí en una niña gorda en una familia de flacos, en una época en la que los niños gordos eran la minoría. De hecho, en la escuela sólo había dos... y yo era uno de ellos.

Me llevaron con mi primer dietólogo a los nueve años, y pasé los siguientes 20 años en una montaña rusa de altas y bajas exageradas. Tomar una píldora para las dietas cada mañana era tan normal como cepillarme los dientes. Por desgracia, en la década de 1950, los médicos recetaban anfetaminas y repartían, indiscriminadamente y sin precauciones, medicamentos para la tiroides a fin de acelerar los metabolismos lentos.

Las medicinas no sólo no me hicieron adelgazar, sino que sirvieron de muy poco para mejorar mi personalidad o mis hábitos de sueño. Sin saber que estaba acelerada, le decía a mi madre de mi incapacidad para conciliar el sueño. Y ella me sugería que contara ovejas. "Pero mamá, sólo sé contar hasta diez mil", respondía. Estaba nerviosa y mi estado de ánimo era voluble. Las medicinas me provocaban dolores de cabeza y el peso hacía que me doliera el alma. Me consideraban una persona tensa y difícil, ¡una verdadera niña malcriada! Nadie consideraba siquiera, ni se daba cuenta, de que las masivas dosis de anfetaminas estaban complicando mi personalidad.

Cuando era niña, rebotaba entre gorda y gordinflona mientras recorría todo un carrusel de nutriólogos, inyecciones, pastillas, dietas, dietas y más dietas. Todos vigilaban lo que yo comía. Y a su vez, cada vez más, lo que yo comía dominaba mi vida. Mi vida en casa era un menú de mensajes mixtos. Alimentos, amor, gordura y familia estaban revueltos. Mientras tanto, me encantaba limpiar la mesa porque era mi oportunidad de comerme las sobras de todos. Mi familia siempre me regañaba: "¿Sigues comiendo, Judy? ¿No comiste suficiente, Judy?". Y cuanto más me regañaban, más comía.

Mis años de adolescencia y de principios de edad adulta fueron simplemente más de lo mismo. Claro, tuve breves momentos de delgadez sólo para engordar una vez más. De nuevo iba a otro dietólogo, me sentaba en un tranquilo consultorio con otros gordos, todos buscando una cura.

Junto con cada nuevo médico y dieta venían medicinas nuevas y más eficaces para el control del peso. Con las dietas, mi obsesión por la comida sólo aumentaba. Robaba el cambio del bolso de mi madre durante la semana, con lo cual podía comprar una pizza cuando me quedaba sola en casa el sábado por la noche. Aquellas noches, por sí solas, comenzaban con el intenso placer de la comida y terminaban con la culpa, intensamente dolorosa, de las envolturas de comida escondidas y el conocimiento de que, de alguna manera, había traicionado la confianza de mi familia.

Al entrar a la edad adulta, las pastillas me mantuvieron controlada entre los 63 y los 75 kilos. Mi peso fluctuaba dependiendo del día de la semana, de mi vida emocional y de mi calendario de actividades sociales. Todos los lunes me ponía a dieta. A veces incluso llegaba hasta el viernes... pero los fines de semana eran otra historia.

El viernes por la noche comenzaba con un vodka martini con dos aceitunas (no, que sean tres) y una comida a la carta que no estuviera clavada a la mesa. Cuando se trataba de un corte de costilla, sólo el más gordo era suficiente. Apilaba una papa horneada con mantequilla y crema ácida, tocino y cebollín, y saturaba mis ensaladas con queso Roquefort y aderezo de anchoas adicional. A medida que avanzaba el fin de semana, sabiendo que el lunes me pondría de nuevo a dieta, tenía que comer todo lo que me había prometido que nunca comería de nuevo: pizza de salchicha con doble corteza; papas a la francesa, hamburguesas con queso y tocino (sólo de un cuarto de kilo), gordos *hot dogs kosher* con pepinillos agrios y papas saladas con Coca-Cola; helados cubiertos de chocolate caliente y helado de menta; pastel de queso con fresa; pollo frito y puré de papas; y costillas en salsa (nunca *baby backs*: demasiado pequeñas) con ensalada rusa y frijoles refritos. Sólo me sentía satisfecha cuando el domingo por la noche culminaba con una comida china digna de Mao Zedong. Ganar 5 kilos durante el fin de semana no era raro.

Se trataba de un sube y baja acerca de quién llevaba la mayor parte de mi salario: el abarrotero, los restaurantes o la farmacia. A pesar de mi enorme apetito, diría que ganaba la farmacia. Cada día tomaba 10 gramos de Synthroid (medicamento para la tiroides) y cuatro tabletas de Lasix (diurético). Agrega a eso una o dos pastillas para la dieta, otras para controlar el estado de ánimo, además de tranquilizantes y laxantes. Sabía que las pastillas estaban matándome, pero sin ellas duplicaba mi peso.

Por último, segura de que engordaba de esa forma debido a un importante desarreglo en mi organismo y no por mis hábitos alimenticios, convencí a un médico para que me internara en un hospital y así descubrir por qué tenía exceso de peso. Después de tres días y una batería de pruebas, incluido un perfil endocrinológico completo, se me consideró incurablemente gorda. En el diagnóstico se decía que mi tiroides no funcionaba, que la hipófisis casi no funcionaba y que mis glándulas suprarrenales estaban en pésimas condiciones. Estaría tomando medicinas el resto de mi vida. Estaba condenada a tener un cuerpo obeso para siempre.

FLACA RENACIDA

Se requirió un accidente y el gesto amoroso de un amigo para cambiar mi vida. Seis meses después de mi diagnóstico de gorda para siempre, salí de viaje a esquiar. En la primera bajada, choqué violentamente contra un árbol, y desperté en un hospital con una pierna fracturada.

Mientras yacía en la cama preguntándome si todo lo que había escuchado respecto de la comida del hospital era verdad, entre las tarjetas de "que te mejores" y los regalos descubrí un libro. Se trataba de un volumen sobre nutrición que un amigo inteligente me había regalado. Empecé a leerlo y, por primera vez en mi vida, aprendí cosas acerca de la comida y del papel que desempeña en la salud del cuerpo humano.

Descubrí que mi cuerpo, al igual que todos los demás, es producto de las cosas que lo alimentan. La clave radica en cómo nutrimos esta máquina física. Lisa y llanamente, somos lo que comemos. La forma en que nos vemos, sentimos, la calidad y cantidad de nuestra energía y salud dependen de nuestras dietas. La comida hace que nuestro cuerpo sea sano o enfermo, delgado o gordo. La comida se convierte en nutrientes: vitaminas, minerales, aminoácidos, glucosa, lípidos y agua. Si nuestro cuerpo se dividiera y colocara en un tubo de ensayo, no seríamos otra cosa que una combinación de estos nutrientes.

Mientras convalecía, con mucho tiempo disponible, también me tomé el tiempo para escuchar a mi cuerpo. Di los primeros pasos tentativos para deshacerme de las píldoras, la culpa y la gordura, para sentir mi cuerpo en realidad una vez más.

Cuanto más aprendía de mí misma, más necesitaba saber de la nutrición. Devoré todo lo que pude encontrar sobre el tema, que por desgracia no era mucho. Esto ocurrió a mediados de la década de 1970, cuando el enfoque holístico a la salud y la nutrición era algo nuevo en Estados Unidos. Las tiendas de comida sana eran del tamaño de un armario, y la selección de literatura nutricional de vanguardia se limitaba a un puñado de autores. Incluso en la ciudad vanguardista de Los Ángeles, esos pocos autores se consideraban raros, charlatanes y oportunistas de la moda de la comida sana. Busqué información dondequiera que podía encontrarla, mientras buscaba médicos, nutriólogos y especialistas de la salud.

Poco a poco, me deshice de las pastillas. Encontré alimentos saludables para reemplazar mi adorada comida chatarra. No hubo privaciones ni sacrificios. Aún me consentía; celebraba mi conocimiento recién encontrado haciendo mejores elecciones. Asumí la responsabilidad de todo lo que comía y de cómo lo hacía. Tomé el control de mi propio cuerpo. Y perdí peso.

Cada gramo que perdía era una victoria. Cada kilo era una batalla ganada. Lentamente, me acercaba a la delgadez y a la respetabilidad. Observé no sólo mi peso, sino mi sentido de bienestar. Todas las mañanas despertaba sintiéndome mejor, y cada día me comprometía de nuevo en mi búsqueda de aprender más acerca de la comida y de mí misma, para descubrir cómo sentir de nuevo mi cuerpo. Sabía que estaba en la trayectoria correcta. No recuperaba el peso que perdía. Pero aún tenía "mucho camino de gordura" que recorrer.

Ponerme en contacto con mi cuerpo me trajo nuevas perspectivas de las razones por las que yo ganaba y perdía peso. Aprender acerca de nutrición alentaba mi curiosidad, y así creció un sano escepticismo. Todo lo que había aprendido respecto a los alimentos, la nutrición y la gordura estaba equivocado. Y pronto me di cuenta de que las dietas, todas, también eran erróneas. No sólo no funcionaban, sino que tampoco eran sanas. Yo buscaba, más que una dieta, una forma de comer.

Entonces encontré un libro que trata de las enzimas y el sistema digestivo, llamado *Food Combining Made Easy,* de Herbert Shelton. En él, el autor sugería que la clave para una buena digestión era la combinación de las comidas que se ingerían y explicaba cómo las enzimas desempeñan un papel fundamental en la forma en que el organismo procesa los nutrientes de la comida.

Excavé con mayor profundidad. Al aprender más de la digestión y la función de las enzimas, rechacé todo lo que alguna vez me enseñaron acerca de las comidas sanas y balanceadas. Ciertamente, es necesario un equilibrio de proteínas, carbohidratos y grasas, pero este no es el resultado de una sola comida ni de la costumbre artificial de tres comidas al día, que de alguna manera hemos llegado a considerar la forma correcta de comer.

Nuestros ancestros prehistóricos no ingerían comidas balanceadas. Durante incontables milenios, el régimen alimenticio diario de los seres humanos estuvo controlado por el entorno. Estos omnívoros itinerantes comían lo que tenían a la mano. Si las bayas estaban maduras y eran abundantes, comían bayas y no salían en busca de tubérculos o de un mamut para redondear la ingesta.

A medida que la cultura y la tecnología se hicieron más complejas, nuestros hábitos alimenticios se volvieron más un dictado de las fuerzas sociales y económicas que no dependían de la naturaleza o de las necesidades del cuerpo, evolucionadas con gran cuidado. El desayuno, el almuerzo y la cena están más adecuados a las necesidades de programación de la producción de los dueños de fábricas que a las necesidades del metabolismo de los trabajadores de la misma. Una vez incorporado a nuestro estilo de vida a través de los siglos, el enfoque nutricional de tres comidas al día tomó la apariencia de normalidad. Las necesidades de una alimentación "balanceada" se comprimían en una sola comida. Y allí radicaba el problema. En absoluto estaba balanceada.

Comencé a desarrollar una forma de comer con base no sólo en qué alimentos ingería, sino en los que ingería "juntos". Las combinaciones constituyen la diferencia. Hice pruebas. No había que temer a las calorías; son simplemente unidades de energía. Descubrí que la ganancia de peso tenía más que ver con la eficiencia que con la grasa. La eficacia con que nuestro cuerpo procesa los alimentos que recibe determina el impacto de estos en el sistema; es decir, si ganamos peso, lo perdemos o permanecemos iguales. La grasa excesiva es un subproducto del proceso. Las enzimas y su combinación eran la clave, y la pérdida de peso, es decir, la pérdida permanente de peso para toda la vida, el resultado definitivo.

Mi peso se redujo a 44.5 kilos (quizá demasiado delgada, ¡pero qué alegría fue recuperarlo de nuevo!). Estaba sana y contenta. No temía estar gorda de nuevo. La culpa había desaparecido, y podía comer todo lo que quisiera.

Comencé a difundir la palabra, y antes de darme cuenta, la sala de mi casa era como la primera fila del teatro en la ceremonia de entrega del Óscar. Mis reflexiones respecto a la comida atrajeron a clientes tan célebres como Jack Nicholson, Jodie Foster, Maria Shriver, Liza Minelli, Engelbert Humperdinck, Linda Gray, Marie Osmond, Sally Kellerman, Jennifer Jones, Dick Smothers y otros.

Había nacido el Taller de dietas de Beverly Hills. Mis clientes eran celebridades, líderes empresariales, amas de casa y personas que trabajan. Podían permitirse ir a cualquier parte y consultar a cualquier experto del mundo, pero me consultaban a mí porque sabían que yo tenía la respuesta: yo podía hacerlos delgados.

Me convertí en el tema de conversación de la ciudad. Recibía llamadas de todo el mundo. Los clientes viajaban de todos los rincones del país para asistir a mis cursos o sesiones privadas. En respuesta a la demanda, escribí un libro.

En abril de 1981, *La dieta de Beverly Hills* llegó a las tiendas y comenzó la gira de promoción. La frase combinación consciente se difundió por todo el mundo. Recorrí Estados Unidos de cabo a rabo innumerables veces y fui invitada a los países en los que se publicó el libro, incluidos Japón, Sudáfrica, Australia, Italia, Alemania, Inglaterra, Escocia e Irlanda. Durante los dos años siguientes visité todos los continentes.

Hacia el final de ese torbellino de dos años sentí que mi mensaje había sido comprendido y que había llegado el momento de salir de los reflectores y regresar a mi sencilla vida cotidiana. Continué con mi consultorio privado, sin pensar jamás que algún día escribiría *La nueva dieta de Beverly Hills*. Nunca pensé que habría necesidad de ello. Pensé que lo había dicho todo.

cuatro

"flaco" renacido

Incólume por el transcurso de los años y las pilas de nuevas dietas que la reemplazaban en los anaqueles de todo el mundo, *La dieta de Beverly Hills* siguió viviendo.

Mayo de 1993

A quien corresponda:
Busco desesperadamente algunos ejemplares de *La dieta de Beverly Hills*, de Judy Mazel. He buscado en todas las librerías y tiendas de Chicago y Nueva York, sin resultados.

Compré por primera vez el libro en 1983, después del crucero de mi luna de miel. Diez años después, tanto mi exmarido como yo seguimos siendo fieles usuarios de *La dieta de Beverly Hills* para mantener la pérdida original y deshacernos de aquellos pocos kilos adicionales que tendemos a ganar en el invierno. Después de seis a ocho ejemplares entre las dos familias, por fin lo logramos: sólo sobrevive con nosotros una copia muy maltrecha. Ahora circulamos una gráfica por computadora de la dieta general, diseñada por mi exmarido (por fortuna para mí, obtuve la custodia de la copia sobreviviente del libro), pero la gráfica de ninguna manera proporciona la fortaleza y el entusiasmo del libro.

Silvia B.

Septiembre de 1993

QUERIDA JUDY:
ESPERO QUE ME PUEDAS DECIR DÓNDE PODRÍA OBTENER UN EJEMPLAR DE *LA DIETA DE BEVERLY HILLS*. LA USÉ HACE 12 O 15 AÑOS Y FUE MUY EFICAZ. APRECIARÍA TODOS TUS ESFUERZOS POR AYUDARME A LOCALIZAR LA MEJOR DIETA QUE JAMÁS HAYA UTILIZADO Y QUE FUNCIONÓ.

Mary S.

Septiembre de 1994

ESTIMADOS SEÑORES:
ESTOY LEYENDO DE NUEVO *LA DIETA DE BEVERLY HILLS* DE JUDY MAZEL. EN LOS ÚLTIMOS 12 AÑOS SE HAN ESCRITO MUCHOS OTROS LIBROS DE DIETAS, PERO QUIZÁ NINGUNO DE ELLOS SEA MEJOR QUE EL DE LA SEÑORA MAZEL EN LO CONCERNIENTE A RESULTADOS.

Señora H.

Abril de 1994

ESTIMADA SEÑORA MAZEL:
ESPERO QUE AÚN ESTÉ POR ALLÍ, PORQUE QUIERO QUE SEPA CUÁNTO HA SIGNIFICADO PARA MÍ *LA DIETA DE BEVERLY HILLS*. TENGO 63 AÑOS DE EDAD Y DURANTE VARIOS AÑOS NO FUI CAPAZ DE CERRAR MIS FALDAS, SIN IMPORTAR LO QUE HICIERA. NADA FUNCIONABA. PERDÍ CUATRO KILOS Y MEDIO ADICIONALES CON SU DIETA, Y ESO FUE HACE 3 AÑOS. ESTOY MUY AGRADECIDA CON USTED.

Terry

Las cartas seguían acumulándose; los flacos convertidos continuaban perdiendo peso y las nuevas llamadas de ayuda seguían llegando, y sus gritos de desesperación eran estentóreos y claros. Pero los tiempos habían cambiado. Las dietas se habían convertido en un gran negocio.

Hoy, si caminas por un centro comercial, verás que las secciones de dietas y nutrición de las librerías han crecido desproporcionadamente, así como los compradores que atiborran los pasillos. Mi alguna vez gran peso de 82 kilos, considerado enorme bajo cualquier norma para una mujer en 1981, se había convertido en algo común. Lane Bryant, la original tienda para gordos, había sido desplazada por una turba de competidores atraídos a este mercado en expansión. Incluso las diseñadoras de moda, como Liz Claiborne, habían subido al tren de las gordas.

Parece que, a pesar de todas las investigaciones médicas, la constante avalancha de los medios de comunicación y la proliferación de comidas bajas en grasa o sin esta (en 1995 llegó al mercado un número récord de 965 nuevos alimentos), Estados Unidos sigue engordando. Las personas que nunca antes habían tenido problema con su peso están atrapadas en una una rutina de consejos interminables y contradictorios. Sus gritos de ayuda, su frustración, desesperación y exasperación aumentan cada día. La obesidad se ha convertido en un riesgo primario para la salud, y no es de extrañarse. La cosecha actual de libros de dietas puede resumirse en "más de lo mismo", a medida que las mismas falacias recicladas continúan reapareciendo en dicha literatura. Si hojeas las páginas de cualquier libro de dietas de la cosecha actual, predominan cuatro temas:

1. Las grasas bajas.
2. Las altas proteínas y anticarbohidratos.
3. Los altos carbohidratos y antiproteínas.
4. El psicológico, es decir, identificar las razones por las que estás gordo.

Ciertamente, los libros que abordan los tres primeros temas pueden comercializarse como poseedores del potencial para lograr una pérdida de peso, si bien todos los estudios (al igual que el sentido común) confirmarán que tal pérdida de peso es temporal y poco sana. Una vez más, te recuerdo que el 98 por ciento de las personas que se ponen a dieta recuperan la pérdida inicial de peso, y a veces más, antes de un año. No es posible vivir una vida sana o feliz sin comer grasas, proteínas y carbohidratos. El balance adecuado de todos los nutrientes te conservará delgado y saludable, y el equilibrio apropiado de las comidas de todos los grupos alimenticios te mantendrán vibrante y en buenas condiciones. Por cierto, ese equilibrio, según lo establece el Comité del Senado estadunidense sobre nutrición y necesidades humanas en sus "metas dietéticas para Estados Unidos", es de 55 a 60 por ciento de carbohidratos, 20 a 25 de proteínas y 20 de grasas insaturadas. El estudio indica además que el equilibrio no debe realizarse de manera cotidiana, sino cada semana.

Por supuesto, los libros que llevan al lector a su interior para comprender las motivaciones conscientes e inconscientes de comer en exceso pudieran ser buenos, pero no eliminan el peso ni detienen el comer en exceso. Sólo porque descubras que cuando eras niño comías cuando tu madre dejaba de reconocer tus logros, y que aún sigues ese patrón como adulto en tus interacciones con otras personas, no significa que dejarás de comer en exceso en este momento ni que te desharás de esos kilos adicionales por arte de magia. Como mencioné en la introducción, la razón por la que comes no es importante, simplemente es irrelevante.

Lo que sí importa es que todos estos años, desde la publicación de *La dieta de Beverly Hills*, además de los libros que copiaron o modificaron mi método original de combinación consciente, ningún otro ha propuesto una respuesta nueva. Esto incluye a las comunidades médicas y científicas, que siguen tratando de captar clientes con sus métodos probados y falsos: pastillas, polvos, conteo de calorías, ejercicios, herencia y los elusivos genes de la gordura.

Al igual que las personas que se ponen a dieta y a las que aconsejan, llenas de esperanza, estos expertos están atrapados en un interminable ciclo de fracasos y nuevas promesas. Todos los meses de enero son un "refrito" del mismo mes el año anterior a medida que los programas de entrevistas y los periódicos dedican una cantidad inmoderada de tiempo y espacio a lo que ellos llaman la "respuesta"para mantener nuestras resoluciones de año nuevo respecto a perder peso. Este desvergonzado desfile de expertos incluye a ginecólogos que se hacen pasar por expertos en nutrición y quiroprácticos transformados en especialistas en medicina del deporte que recomiendan a las personas que tienen 50 kilos adicionales que, "con alegría", suban y bajen escaleras durante 40 minutos. O aún mejor, decirnos qué tan divertido será ordenar todo lo que quisiéramos del menú de un restaurante siempre y cuando le digamos al mesero que nos sirva sólo la mitad de la porción y que empaque el resto en una bolsa para el perro. Como si alguna de estas bolsas para el perro en realidad llegara a casa. Quizá la bolsa llegue, pero ciertamente el contenido desaparecerá antes de que el desdichado, desesperado y hambriento seguidor de la dieta inserte la llave en el encendido del automóvil.

Me pregunto cuántas personas que se ponen a dieta mantienen sus resoluciones de pérdida de peso de año nuevo. Apostaría que la única resolución que mantienen es la nueva que se proponen: ¡nunca más ponerse de nuevo a dieta! Y tienen todo el derecho a hacerlo.

Simplemente, las dietas no funcionan. La modificación de la conducta no funciona. Los "talleres de dieta" no funcionan. Los programas que insisten en que cambie su estilo de vida y sus hábitos no funcionan. La combinación consciente, la técnica de la que fui pionera en 1981, sigue siendo la única respuesta.

No hace mucho evalué mi círculo de combinadores conscientes en continuo crecimiento, y vi personas delgadas felices y exitosas en un mundo lleno de obesos fracasados y sin esperanza. Fue devastador. Supe que había llegado el momento de regresar a la pugna de las dietas, de sacar una vez más la cabeza por encima de la muchedumbre y hablar al mundo de mis técnicas comprobadas y mejoradas de la combinación consciente.

Ustedes verán que yo también crecí. No en tamaño... No he regresado a mi antigua complexión robusta. Sigo siendo la misma persona delgada que era en 1981, pero he crecido en conocimientos, en la aplicación práctica y vital de las técnicas de las cuales soy pionera. Mis años de experimentación continua han confirmado lo que pregoné de manera tan descarada en las cadenas nacionales de televisión. En verdad he descubierto la cura para la obesidad.

Cierto, salí de los reflectores hace algunos años. Pero continué en la practica privada, y mi estilo de vida siguió relativamente sin cambios. A lo largo de seis cruceros alrededor del mundo y un año de vivir en el extranjero; de días y noches llenas de las mejores cenas de cualquier variedad de cocina internacional; de rondas constantes de bailes de caridad, almuerzos de damas, sociales, de negocios y constantes viajes, he mantenido un contacto estrecho con mi clientela internacional en rápido crecimiento (en números, no en volumen). Acumulé copiosas notas que han sido una referencia invaluable a medida que refinaba y ajustaba mis reglas originales, mismas que no han cambiado en forma drástica (no es posible cambiar las leyes físicas que rigen al cuerpo humano), pero que he ajustado para hacerlas más soportables. Mi meta era hacer de *La nueva dieta de Beverly Hills* no sólo una dieta, sino más bien un programa de estilo de vida alimenticio que abarcara la pérdida y el mantenimiento del peso: un peso para toda la vida durante la década de 1990, y una nueva conciencia de dieta.

Los tiempos de dieta han cambiado, lo mismo que las personas conscientes de las dietas. A medida que los fracasos y las peculiaridades de las dietas han quedado al descubierto, hoy muchas personas se dan cuenta de que la privación y la negación de las comidas no son la respuesta. Expuestas a las falacias de los regímenes sin grasas, bajos en grasa, altos en proteínas, anticarbohidratos, antiproteínas, de altos carbohidratos, las personas que siempre se ponen a dieta están sanando de las heridas de las dietas de moda. Están aguardando, esperando y rezando por algo nuevo. Bueno... yo tengo ese algo nuevo: ¡el plan de estilo de vida alimenticio que, ciertamente, es el sueño de cualquier persona vuelto realidad!

En los años que han pasado desde el desarrollo y la publicación de *La dieta de Beverly Hills,* aprendí que no es necesario seguir un prolongado régimen de 42 días concentrado sobre todo en frutas, ni comenzar con 10 días sin comer otra cosa que estas. Aprendí que abstenerse de comer proteínas animales durante 18 días, como era el caso en mi dieta original, tampoco es necesario.

Aunque el papel de las enzimas en las frutas específicas sigue siendo crítico, así como la combinación de las comidas que se ingieren, el no mezclar los grupos alimenticios no tiene que ser tan restrictivo e inexorable. De hecho, con la ayuda de estas enzimas naturales y la aplicación de mi técnica de compensación consciente, es posible hacer mezclas con bastante frecuencia sin sufrir ningún efecto colateral negativo: kilos de más o problemas de salud y de vitalidad.

En un mundo ideal, cuanto menos se mezclaran los grupos de comidas, mejor estaríamos. Por desgracia, vivimos en la realidad. Y esto significa comer los alimentos y sus combinaciones con las que nos hemos acostumbrado: filetes y puré de papas, bizcochos y mermelada, una hamburguesa con papas a la francesa, pavo con todos los aditamentos. He aprendido que con la instrumentación de la combinación consciente, junto con mi técnica de compensación consciente ahora más desarrollada, este estilo de comer no sólo es posible, sino preferible. ¡Preferible porque es la realidad! Y las crecientes legiones de mis siempre delgados combinadores conscientes, son prueba de ello.

Mi único dilema era cómo transmitir con eficacia mi nuevo mensaje. Limitarme a escribir otro libro no era la respuesta. A quienes están a dieta les interesa una sola cosa: ¡perder peso! E invariablemente, el único capítulo de los libros de dietas que capta su atención es el correspondiente a la dieta. El resto del libro recibe poca o ninguna, atención. Mis años de interacción con incalculable número de lectores, que algunas veces fracasaron y otras tuvieron éxito, me confirmaron que debía hacer algo más, algo que ofreciera un sistema más poderoso de apoyo. Debía ser algo que no se limitara a explorar, que engendrara confianza y compromiso, y que tuviera el mismo efecto en un grupo o en una sola persona. Parecía imposible de lograr en la forma de un libro tradicional dividido por capítulos.

Además, me di cuenta de que los cambios en el estilo de vida y en la alimentación no ocurren capítulo por capítulo, sino día a día. Una de las razones por las que quienes asisten a mis cursos o seminarios tienen tanto éxito es porque reciben cierta cantidad de apoyo cada día mientras están en el programa. Lograr este mismo sentimiento interactivo en la forma de un libro no sería fácil.

Como mi meta era convertir a gordos en flacos exitosos, no vender libros, comencé a preparar una solución de un paso a la vez. Paso 1: estuche para adelgazar de *La nueva dieta de Beverly Hills,* que consiste de cuatro audiocasetes y el pequeño libro para adelgazar; es una guía manual que me permite hablar a las personas durante el programa de 35 días. El mismo programa de audio ha sido adaptado e incorporado a este libro, además de estar disponible de manera independiente.

No se trata de una dieta sino de un programa de estilo de vida alimenticio. El estuche para adelgazar de *La nueva dieta de Beverly Hills* confirmó que no es necesario esperar a perder peso antes de comer todos los alimentos que te encantan. El día uno comienza no sólo con fruta, sino con comida "real". Al ser una forma nueva de comer, disfrutar y perder peso, el programa de 35 días incluye 21 comidas libres para consentirte en tus fantasías alimenticias.

Lanzado en uno de los principales canales de compras, el estuche para adelgazar de *La nueva dieta de Beverly Hills* siguió los pasos de su predecesor al romper todos los récords de ventas. Durante los siguientes dos años, continué haciendo pruebas prácticas en todo el país, no con estrellas del cine y celebridades como lo había hecho con la dieta original, sino con personas que llevaban vidas normales.

Pronto fue evidente que las cintas, por sí solas, no eran suficientes, ya que quienes estaban a dieta necesitaban algo visual a lo cual hacer referencia. Descubrí que esta falta de referencia fácil impedía el desarrollo del conocimiento pleno de mi concepto. Eso supuso regresar a la mesa de trabajo hasta que, por fin, el sueño se volvió realidad: el nacimiento de *La nueva dieta de Beverly Hills.*

Este libro lo tiene todo: un diario día por día, precedido por un libro con formato convencional, con una explicación completa del programa. Aumente este libro al programa de audiocasetes, el estuche para adelgazar de *La nueva dieta de Beverly Hills* y CyberSkinny, mi página interactiva en la red (http://www.cyberskinny.com), y tendrás la enchilada completa (por supuesto, las enchiladas son parte de la dieta).

Esta vez no puedes hacer más que ganar... ¡o debería decir, perder!

cinco

aplica las enzimas a tu peso para llegar al éxtasis

La comida es placer. La comida es culpa. La comida es recompensa. La comida es también la materia prima y el combustible que construye y alimenta el cuerpo. Simple y sencillamente, eres lo que comes. El bienestar de cuerpo depende de la comida que ingieres. Es tu opción. Nadie nos obliga a comer nada. Nosotros elegimos el momento y el lugar, así como la comida que se convertirá en parte de nosotros mismos: en la carne, huesos, sangre y, sí, en la grasa que constituye nuestro cuerpo.

Con eso en mente, permítaseme llegar al corazón de la combinación consciente: no es lo que comes o qué tanto comes lo que lo engorda; ¡es cuándo lo haces y lo que comes en combinación!

Esto no es nada nuevo. Los principios de la combinación consciente en los que se basa *La nueva dieta de Beverly Hills* pueden rastrearse miles de años atrás. El primer análisis registrado de estos principios se encontró en el libro chino *Clásicos de medicina interna del emperador amarillo* (2598–1606 a.C.), pero los principios se conocían con claridad desde varios siglos antes. La combinación de alimentos se practicó ampliamente en tiempos antiguos, en particular en China y en la antigua Persia, y la práctica persistió hasta nuestro siglo, cuando se convirtió en el dominio particular de los fanáticos de la salud, como se les llamó.

Los principios de la combinación de alimentos son determinados por lo que ocurre durante el proceso digestivo. Por supuesto, el propósito de la digestión consiste en convertir la comida en los nutrientes que sostienen la vida: los carbohidratos proporcionan energía; las proteínas se convierten en los bloques de construcción de músculos, huesos y sangre; la grasa actúa como medio de transporte para las vitaminas y hormonas; en tanto que la lecitina, un ácido graso, es un emulsificador y parte fundamental de la cubierta que rodea las células nerviosas.

Como ya mencioné, el proceso de digestión comienza con, y depende de, las enzimas. Estos catalizadores biológicos se encuentran en nuestro cuerpo y también son activados por la comida que ingerimos.

Existen cuatro etapas en el proceso digestivo: 1.digestión; 2.absorción; 3.metabolismo; y 4.eliminación.

EL PROCESO DIGESTIVO

ETAPA 1: DIGESTIÓN

La primera parada de la comida en el cuerpo ocurre en la boca, allí comienza la digestión. Se inicia al masticar y en los jugos alcalinos de la saliva se encuentra una enzima llamada tialina, que comienza la división de los carbohidratos. La tialina no actúa sobre las proteínas, grasas y frutas (una categoría especial de carbohidratos), los cuales continúan sin verse afectados hasta la siguiente etapa, el estómago.

Si un carbohidrato fue digerido adecuadamente por la tialina, se encontrará en la forma de un azúcar cristalino llamado maltosa al llegar al estómago. Allí, la maltosa es subdividida aún más antes de pasar a la siguiente etapa.

En el estómago también se digieren las proteínas. El proceso comienza cuando el ácido clorhídrico ataca la grasa y activa la enzima pepsina. A medida que dicho ácido y otras sustancias convierten la grasa en lípidos, la pepsina suaviza y comienza a dividir la proteína en aminoácidos. A continuación, el ácido clorhídrico y la pepsina trabajan en conjunto para completar la reducción de las proteínas en aminoácidos.

Cuando las proteínas, los carbohidratos y las grasas llegan a la siguiente parada, el intestino delgado, ya se han convertido en nutrientes.

No obstante, las frutas son carbohidratos de una clase especial. Para ser digeridas no se requieren las enzimas del cuerpo; las frutas ya contienen todas las enzimas necesarias para ser reducidas a nutrientes. Pasan indemnes a través de la boca y el estómago hasta que, en el intestino delgado, las enzimas de las frutas actúan para convertirlas en nutrientes. Debido a su destacada facilidad de digestión, las frutas se mueven con rapidez por el sistema. Antes de haber dado la última mordida a una fruta, los nutrientes del primer bocado ya entraron al torrente sanguíneo.

ETAPA 2: ABSORCIÓN

En esta etapa los nutrientes de la comida, como las vitaminas solubles en agua y los minerales, entran al flujo sanguíneo, a través del cual se distribuyen por todo el organismo para alimentar a las células.

ETAPA 3: METABOLISMO

El metabolismo es el motor que impulsa y mantiene al organismo. En esta etapa los nutrientes y las proteínas se transforman en los materiales de construcción que crean y reponen los músculos, los huesos y la sangre. Aquí se "llena el tanque" con la energía que proporcionan los carbohidratos, y se comienzan a sentir, para bien o para mal, los efectos de lo que se ingiere. Contrario a lo que pudiera pensar, no existe un metabolismo lento, sino que tú controlas tu propio metabolismo y su velocidad a través de los hábitos alimenticios.

ETAPA 4: ELIMINACIÓN

En la última etapa se eliminan los subproductos de los nutrientes, los artículos de desecho que el organismo no necesita. Es un proceso constante que supone la respiración, la transpiración y la excreción a través de la orina y los movimientos peristálticos.

Cada etapa del proceso digestivo está sujeta a los efectos de lo que comes. Si combina el proceso relativamente rápido y de alcalinidad media de la división de carbohidratos con el proceso más lento, medio ácido, de la división de proteínas, el sistema digestivo queda totalamente confundido.

Si sólo comes una manzana, tu estómago la procesará en aproximadamente 15 o 20 minutos; una fruta enzimática, como la papaya, requerirá incluso menos tiempo.

Si ingieres una comida de proteínas (por ejemplo, camarones y filete), permanecerá en tu sistema hasta por cuatro o cinco horas. Come la papaya o la manzana con el estómago vacío al inicio del día, y se moverán sin problemas desde el estómago hasta el intestino delgado. No obstante, si consumes la fruta después del filete y los camarones, permanecerá bloqueada en el estómago por la proteína. Come un filete y una papa al horno, y las enzimas de la proteína neutralizarán a las enzimas de los carbohidratos que son necesarias para digerir la papa.

Pero la digestión ineficiente (es decir, la indigestión) es más que agruras; asimismo, es más que simplemente ineficaz en términos de nutrición. Todos hemos experimentado los efectos de una nutrición menos que óptima. La falta de energía, la tensión nerviosa, la depresión y el cabello o piel opacos son resultados potenciales de la indigestión. También hemos sentido el dolor, la hinchazón, la incomodidad, los gases o los dolores estomacales que puede producir. ¿Pero cuántos nos damos cuenta de que la grasa agregada, o los kilos de más, son producto de nuestra mala digestión? La obesidad (o los kilos de más) no es sino otro síntoma de la indigestión.

Si nuestros organismos dividieran los alimentos como debieran, absorbieran y metabolizaran todo lo que deberían y en la forma apropiada, y si, a su vez, eliminaran el desperdicio, entonces nada quedaría. Nadie ganaría peso ni engordaría. La presencia de esos kilos de más significa que una o más de las cuatro etapas del proceso digestivo: digestión, absorción, metabolismo y eliminación, no ha ocurrido con eficiencia.

En el caso de los carbohidratos, esto puede ocurrir si los alimentos recorren la primera etapa de la digestión, la boca, sin que la tialina actúe sobre ellos. Nuestro sistema está sincronizado para procesar maltosa, de modo que cuando un carbohidrato rebelde llega al estómago, allí se queda y comienza a producir grasa.

¿Cómo asegurarnos de que la primera etapa de la digestión de carbohidratos sea eficaz? Existen tres reglas para mover los carbohidratos con éxito a través del sistema digestivo, de modo que no se vuelvan engordadores ni productores de energía. Contrario a lo que has escuchado, no es necesario renunciar a ellos; simplemente debes:

1. *Masticar la comida.* Detesto sonar como tu madre, pero ella tenía razón. Al masticar se libera tialina y se tritura la comida para exponerla por completo a la enzima. Así que adelante, deléitate en la comida con esa boca llena de sabor. ¡Mastica, mastica, mastica!

2. *Cuidado con los edulcorantes.* En los alimentos cocinados, es el azúcar, no la grasa, lo que contribuye a obesidad. Siempre que se mezclan edulcorantes con granos, como en una comida con harina o maíz, la combinación neutraliza la tialina y la persona termina con un estómago lleno de carbohidratos no digeridos.

3. *Evita mezclar carbohidratos con proteínas, o ingerirlos después de estas.* Con las proteínas: los carbohidratos no requieren tanto tiempo de digestión en el estómago como las proteínas. Sin embargo, cuando se les ingiere junto con estas, se quedan atrapados. Después de las proteínas: el ácido clorhídrico y la pepsina se activan cuando una proteína grasa llega al estómago. El primero divide la grasa y activa la pepsina, de modo que ésta puede comenzar a funcionar. Cuando estas enzimas actúan en conjunto, crean un medio ácido que neutraliza la tialina, con lo cual se inhibe la plena digestión de los carbohidratos.

Como el organismo digiere las proteínas con lentitud una vez que entran al sistema digestivo, el organismo será incapaz de digerir carbohidratos durante el resto del ciclo. Puede esperarse que la carne permanezca en un estómago eficiente hasta por diez horas; el pollo lo hará durante siete horas; y el pescado durante seis. Ten presente que la mayoría carecemos de sistemas digestivos eficientes y que el proceso puede tomar mucho más tiempo.

¿Qué puedes hacer para asegurarte de que tu cuerpo digiere de manera eficiente los alimentos que ingieres? Ése es el objetivo de la combinación consciente. Para comenzar, podrás asumir la responsabilidad sobre la forma en que el cuerpo procesa los nutrientes, al hacer elecciones conscientes respecto a los tipos de comidas que ingieres y cuándo lo haces. Aprenderás a hacerlo en el programa de flaco renacido de 35 días que pronto comenzará.

Para el éxito de la combinación consciente, es crítica la técnica de mejorar la acción enzimática en el organismo, mediante el uso de enzimas naturales en ciertas frutas muy específicas, las mismas que comerás durante el programa.

Debo admitir que estoy confundida por la falta total de investigación acerca de las enzimas y el peso corporal. En realidad, la ciencia de la enzimología es de origen muy reciente. Las enzimas fueron descubiertas por primera vez en 1878, y fue en 1926 cuando se cristalizó una enzima en el laboratorio. Aunque la determinación de secuencias enzimáticas data apenas de 1967 y hasta hoy se continúan identificando enzimas y rastreando sus efectos, parece que el impulso de la investigación de las enzimas hasta ahora ha radicado en explorar el potencial para las terapias de enfermedad e ingeniería genética, no de pérdida de peso.

Sin embargo, han pasado 15 años desde que, en *La dieta de Beverly Hills* original, fui la pionera en la idea de que la gordura corporal, o peso adicional, era producto de la indigestión y la acción enzimática. De inmediato, otros autores no especializados adoptaron mis ideas al explorar la relación entre las enzimas, la simple combinación de alimentos y la pérdida de peso. En el ínterin, al tiempo que la evidencia anecdótica ha aumentado con cada persona que se adhiere con éxito a mis principios de la combinación consciente, aún no existen estudios científicos controlados para discutir por fin esta teoría en la corriente científica principal. Aunque los médicos han criticado y descalificado con rapidez la teoría, temo que el poderoso dogma nutricional de la comunidad médica impida que los expertos descubran o siquiera se pregunten: ¿por qué funciona?

Permíteme expresarlo una vez más, fuerte y claro: no es la comida por sí sola lo que provoca la ganancia de peso, sino los alimentos que se digieren de manera ineficiente.

La principal causa de digestión ineficiente es el exceso de carga sobre el sistema digestivo al ingerir demasiados tipos de comidas en conjunto y al mismo tiempo. ¡El desequilibrio de las comidas balanceadas!

En algún momento a mediados del siglo XX, en las sociedades prósperas y avanzadas como la estadunidense, fue posible obtener casi todo tipo de alimento en cualquier temporada del año. La comida balanceada se sostenía como un icono de las culturas modernas y prósperas que disfrutaban de una economía en auge. Y comer tres veces al día era infinitamente más práctico que hacerlo en cualquier momento. Las tecnologías de la preservación de alimentos se refinaron y perfeccionaron, luego dieron un paso adelante para impulsar la creación real de nuevos alimentos artificiales o "chatarra" que se consideraron otro ahorro importante, en cuanto a tiempo, para una democracia en movimiento. Y la obesidad se convirtió una vez más en una de las nuevas enfermedades de la época (*ver el capítulo 6*).

La comida balanceada dejó de considerar el funcionamiento del proceso digestivo. Si se combinan grupos de alimentos, no sólo se dificulta que las enzimas hagan su trabajo (una vez más, las enzimas para un grupo alimenticio no pueden cruzarse para trabajar en otros grupos) de hecho, también se impide la acción enzimática.

Si funcionara la comida tradicional balanceada, ¿acaso 60 millones de estadunidenses estarían gordos?

La nueva dieta de Beverly Hills aprovecha los hechos de la digestión y acción enzimática para permitir que la persona planee sus experiencias gastronómicas, o "de la vuelta" a los hechos si no es posible cumplir el plan, prestando atención a las combinaciones alimenticias y a cuándo ingerirlas. Esta es la esencia de la combinación consciente. Permite a la persona no sólo detener las malas combinaciones, sino hacerlas de manera proactiva para una digestión eficiente que libera al cuerpo de toxinas, asegurar la energía y mantener la figura para siempre.

Esto significa que si sabes que pronto tendrás una cena, o si la próxima semana es Navidad, o si no pudieras resistirte a un almuerzo, podrás planear con antelación o bien en torno a tales eventos. Y si te permites más combinaciones erróneas de las que el sistema digestivo puede tolerar, o te "atiborras", entonces recurrirás a otra característica del programa, la compensación consciente, para aplicar contrapartes correctivas.

GRUPOS ALIMENTICIOS

Para comprender la combinación consciente, es preciso darse cuenta de qué tipos de comida se ingieren y cómo los procesa el organismo. Como ya se analizó, las proteínas, los carbohidratos y las grasas conforman los tres principales grupos alimenticios, con un subgrupo de mitad proteínas y mitad carbohidratos que abarca principalmente las leguminosas, que son los y/o.

En todos los alimentos hay al menos uno o más de estos nutrientes, y la mayor parte de ellos los contienen a todos en diversos grados. La forma de clasificar un alimento en un grupo depende de su principal componente. Si el 51 por ciento o más de un alimento está compuesto de glucosa, se le considera un carbohidrato; si 51 por ciento o más son aminoácidos, se trata de una proteína; y si el 51 por ciento o más son lípidos, se trata de una grasa.

Los expertos concuerdan en que de 55 a 60 por ciento de las calorías cotidianas deberían provenir de los carbohidratos, en tanto que las grasas contribuyen con un 20 por ciento y las proteínas añaden del 20 al 25 por ciento restante.

Grupos alimenticios

Proteínas			
Carne de res	*Kefir*	Puerco	Postres:
Queso	Cordero	Mariscos	Pastel de queso
Huevos	Leche	Semillas	Cajeta
Pescado	Frutos secos	Yogur	Crème brûlée
Aves	Mantequillas de nueces		Crema de caramelo
			Flan
			Helado

Grasas		
Mantequilla	Mayonesa	Crema agria
Crema espesa	Aceite	Crema batida

Carbohidratos			
Frutas	Mini-carbohidratos	Carbohidratos medios	Maxi-carbohidratos
(una categoría diferente de carbohidratos)	Espárragos	Betabeles	Alcachofas
	Apios	Brócoli	Cebada
	Calabaza china	Col de Bruselas	Pan
Todas las frutas	Hierbas	Repollo	Alforfón
Brandy	Col rizada	Zanahoria	Trigo quebrado
Champaña	Lechuga	Coliflor	Pasteles (blanco, bizcocho, de chocolate, de zanahoria)
Coñac	Hongos	Pepinos	
Vino	Brotes de mostaza	Berenjena	

Carbohidratos (cont.)

Perejil
Calabacines

Puerro
Cebolla
Chirivía
Chícharos
Chile y pimiento
Rábano
Chalota
Ejotes
Jitomate
Nabo

Chocolate
Galletas
Maíz
Harina de maíz
Couscous
Crema de trigo
Harina de yuca
Granos
Mijo
Harina de avena
Avena
Pasta

50/50 y/o

Aguacate
Garbanzo
Frijoles
Lentejas
Habas
Cacahuates
Frijol pinto
Soya

Pasta de hojaldre
Papas
Arroz
Centeno
Trigo
Chilacayote
Alcohol:
Cerveza
Todos los licores destilados:
Whisky *bourbon*, ron, whisky escocés, tequila, vodka, etcétera

Las proteínas son los alimentos más difíciles de digerir porque requieren hasta doce pasos antes de subdividirse en nutrientes.

De las proteínas, los productos lácteos son los más lentos de digerir. Altos en grasas y bajos en humedad, presentan un reto difícil para la digestión.

La complejidad de los carbohidratos determina el tiempo que se requiere para digerirlos, y los más complejos, los maxicarbohidratos, requieren aun más tiempo. La digestión de un maxicarbohidrato, como la papa, requerirá aproximadamente tres horas, en tanto que un minicarbohidrato, como los champiñones, necesitará sólo una hora.

Un carbohidrato no engorda más que otro: mini, medio, o maxi... todos proporcionan las mismas cuatro calorías por gramo, sin importar la complejidad de su estructura molecular.

Las grasas casi nunca se ingieren en solitario, de modo que en realidad no es necesario saber cómo actúan solas sobre el sistema digestivo. Por el lado negativo, hacen más lenta la digestión. En el aspecto positivo, las grasas no intervienen en ninguna acción enzimática y pueden combinarse con un carbohidrato o con una proteína, pero no con una fruta (en realidad, nada combina con esta última).

La digestión de las frutas es la más rápida de todos los alimentos, por lo tanto, no es posible combinarlas con ningún otro alimento. Como recorren el estómago en menos de una hora cuando se ingieren solas, las frutas quedarán atrapadas allí por cualesquiera alimentos más lentos que se les unan.

COMBINACIÓN CONSCIENTE

Los principios esenciales de la combinación consciente son fáciles de recordar y de seguir. Con el tiempo, apegarse a estos principios se vuelve rutinario.

1. Lo ideal es que las proteínas vayan con proteínas; los carbohidratos con carbohidratos; y la fruta debe comerse sola.

2. Comienza cada día con una sola fruta enzimática de la lista que se incluye en el plan de pérdida de peso de 35 días: es decir, piña, fresas, uvas, papaya, sandía, mango, kiwi, durazno, prisco, ciruela, chabacano o higo. Podrás comer tanta fruta como quieras, pero sólo una a la vez, por ejemplo, no mezcles uvas con fresas. Espera una hora antes de pasar de una fruta a otra. Espera dos horas antes de comer alimentos de otro grupo. Una vez que tomes comida de otro grupo alimenticio, no podrás comer fruta durante el resto del día.

3. Si el siguiente alimento que ingieres después de la fruta es un carbohidrato, podrás tomarlo sin restricción hasta que comas una proteína.

4. Una vez que comas una proteína, sin importar la cantidad, aun si sólo se trata de leche en el café o pollo en la ensalada césar, el 80 por ciento de lo que comas por el resto del día debe ser proteína.

5. Los carbohidratos son carbohidratos, ya sea almidones, vegetales, ensaladas, cereales o granos y, en su mayor parte, no deben combinarse con proteínas.

6. Las proteínas son proteínas: sea carne de res, pescado, leche, yogur, queso, frutos secos, semillas o helado; y, en su mayor parte, no deben combinarse con carbohidratos.

7. Las grasas como mantequilla, aceite, mayonesa, crema ácida y crema espesa, pueden combinarse con proteínas o carbohidratos, pero no con fruta.

8. Elimina los refrescos de dieta, los edulcorantes artificiales, los productos de dieta que contengan estos y los aditivos artificiales, los sustitutos de crema y la margarina. Limita, si no puedes eliminar, cualesquiera comidas con aditivos artificiales (*ver capítulo 6*).

9. La mayor parte de las bebidas alcohólicas son carbohidratos (cerveza, whisky *bourbon*, ron, vodka, whisky escocés, tequila); y en su mayor parte, deben consumirse sólo con carbohidratos. El vino es una fruta y puede combinarse con otras frutas; la champaña es neutral y va con todo.

A diferencia de otros métodos de dieta popularizados a lo largo de los años, la combinación consciente no es restrictiva. ¡Es liberadora! Estos principios, fáciles de seguir, ofrecen la flexibilidad de tomar todo tipo de alimentos. No es posible acentuar demasiado este punto. Si todo lo que haces es seguir el segundo principio y comienzas todos y cada uno de tus días con una sola fruta enzimática, mantendrás la pérdida de peso aun si tomas una comida "abierta" cada día.

La combinación consciente es una forma de planear lo que ingerirás durante el curso de un día y de ajustar tu plan a medida que éste avanza. Por ejemplo, si supones que la cena será la comida "abierta", aquella en la que combinarás la ingesta de carbohidratos y proteínas, como una hamburguesa con papas fritas, deberás planear comer sólo carbohidratos durante el almuerzo y los entremeses de ese día (por supuesto, después de la fruta de la mañana). Pero si cambias el plan y comes una hamburguesa con papas en el almuerzo, deberás ingerir proteínas primarias el resto del día; esto significa que la cena debe ser filete o camarones, o ambos, acompañada de una pequeña cantidad de carbohidratos (recuerda la regla del 80 por ciento de proteínas).

COMPENSACIÓN CONSCIENTE

Este programa es para la delgadez permanente porque ofrece formas de recuperarte de un exceso de combinaciones erróneas. Con la compensación consciente, consumes alimentos específicos para contrarrestar los efectos de las combinaciones erróneas. Estos correctivos pueden ingerirse después del hecho o, si sabes con antelación que harás una combinación defectuosa, antes de esta.

ANTÍDOTOS QUE DEBERÁS INGERIR EN EL DESAYUNO DEL DÍA SIGUIENTE

1. Comidas grasosas, cremosas y con queso (por ejemplo: pizza, comida mexicana, un exceso de helado, pollo rostizado, costillas de cerdo y papas fritas): quémelas con piña o fresas.

2. Una sobredosis de proteínas (por ejemplo, *prime rib*, filete, carne asada): suavícela y digiérala con papaya o mango (la papaya después de la carne, el mango después del pollo).

3. Dulces (por ejemplo, pastel, galletas y dulces): enjuague con uvas.

4. Sobredosis de sal: lave con sandía o limpie con carne.

PRECEDENTES A SER INGERIDOS EN EL DESAYUNO DEL DÍA EN EL QUE SABES QUE COMERÁS LO SIGUIENTE

1. Comidas grasosas, cremosas y con queso: precédelas con piña o fresas.

2. Comidas saladas: desayuna con chabacanos secos.

Cuando la compensación consciente ofrece más de una opción correctiva, el tiempo y los ensayos determinarán lo que mejor funciona para ti. Por ejemplo, si experimentas una hinchazón excesiva después de una comida salada y la sandía no funciona (es decir, si no pierdes el peso que ganaste), intenta comer sólo carne durante un día. Si eso es suficiente, sabrás que las proteínas son el antídoto a tu hinchazón.

OPINIÓN DE UN MÉDICO

Soy especialista en medicina interna. He ejercido en Beverly Hills, California, durante 35 años. Lo que Judy Mazel descubrió ha sido una experiencia verdaderamente iluminadora.

Durante mi instrucción como internista, los profesores me enseñaron la teoría nutricional normal. Esta afirma que al contar las calorías que se ingieren en un día y restar las que se queman, el resultado indica si uno ganó o perdió peso. Esto es un problema porque no parece ser verdad en todos los pacientes. Para mí, esto siempre fue confuso de algún modo. Luego leí un libro escrito por Judy Mazel, llamado *La dieta de Beverly Hills*. Judy explicaba el misterio en términos muy sencillos. Me di cuenta de que escribió el libro para personas comunes, pero aseguro que, como médico, el enfoque es perfectamente correcto.

En la facultad de medicina tomamos una clase llamada bioquímica. Allí aprendimos el ciclo metabólico crítico llamado ciclo de Krebs. Este es el que se relaciona con el almacenamiento de calorías. Los científicos le dieron el nombre del médico que lo descubrió, y el ácido cítrico que es el punto de entrada a este ciclo.

El ciclo es el siguiente. Las proteínas se dividen en moléculas pequeñas llamadas aminoácidos. Las grasas se dividen en moléculas pequeñas, como los ácidos acetoacéticos. Los carbohidratos se dividen en ácidos metabólicos pequeños, como el ácido cítrico. Esto explica la forma en que el cuerpo almacena calorías, que cuando son excesivas se almacenan en las células corporales y eso lleva a la obesidad. ¿Qué técnica es posible utilizar para impedir que las calorías excedentes pasen a través del ciclo del ácido cítrico y sean almacenadas en células en forma de energía, mucho más allá de la necesidad de la propia célula? En otras palabras, ¿cómo podríamos impedir la obesidad? Es especialmente importante responder a esto, ya que todos los días se ingieren proteínas, carbohidratos y grasas, con frecuencia en la misma comida. En mi opinión, Judy Mazel realizó el descubrimiento fundamental.

El descubrimiento básico fue la combinación consciente, la cual significa reunir las comidas que se digieren juntas. Es decir, evitar las que se fermentan y provocan retención de calorías. Todos los que hayan leído *La dieta de Beverly Hills* recuerdan las reglas básicas de Judy: las proteínas van con otras proteínas y grasas. Los carbohidratos van con otros carbohidratos y grasas. La fruta va sola. Las grasas van con proteínas o con carbohidratos. Al seguir estas sencillas reglas y los menús de muestra que Judy proporciona, descubrirá que podrá perder peso haciendo cosas que les parecen imposibles a quienes están a dieta de manera crónica.

Perderá peso comiendo tortas de papa, *bagels*, pizza, papas al horno, una hamburguesa con todos los aditamentos, o bien filete, langosta, huevos y pan tostado. Pederá peso comiendo palomitas de maíz. Podrá cenar comida china, japonesa o árabe y, no obstante, perder peso.

Me doy cuenta que esto impresiona a quienes han estado haciendo dietas del tipo *yo-yo* toda la vida. Sin embargo, con la combinación consciente adecuada, usted podrá comer todos esos platillos y más y, no obstante, perder peso.

Igualmente importante, al hacerlo no tomará pastillas ni medicinas. También estará asegurando una delgadez perenne con buena salud y una excelente forma de comer. Una vez más, comer será un placer y no algo a lo cual temer.

Quisiera agregar un resumen médico relativo a la reducción de peso. Todos sabemos que la vanidad es la fuerza impulsora en la mayor parte de los casos para bajar de peso. Queremos vernos bien y que nuestra ropa nos quede.

Sin embargo, existen algunas razones médicas muy sólidas a fin de bajar de peso. Para comenzar, la diabetes es muy común en personas con exceso de peso, en especial de mediana edad. Mucho tiempo antes de que se descubriera la insulina, la manipulación de la dieta era el único tratamiento para la diabetes. Si usted es un diabético leve que toma medicamentos, le garantizo que la reducción de peso le representará una cura.

La obesidad también contribuye a la hipertensión. Después de perder peso, muchas personas reducen la dosis de los medicamentos para la presión arterial, o dejan de tomarlos. Mantener el peso ideal también mejora de manera sustancial la gota. Los obesos tienden a representar un riesgo quirúrgico mucho más elevado que las personas delgadas. Esto se observa en cualquier tipo de cirugía, pero en especial cuando se requiere anestesia general.

Cuando descubrí por primera vez *La dieta de Beverly Hills*, estaba un poco escéptico. Pero seguí el plan de dietas y descubrí que, mientras comía excelentes alimentos, perdía peso. Luego investigué en la literatura, lo cual me permitió comprender lo que de verdad significa la combinación consciente en términos médicos y bioquímicos. Descubrí que *La dieta de Beverly Hills* es un programa excelente. Este nuevo libro promete ser aún más satisfactorio.

Te he hablado de las razones médicas para mantener bajo tu peso. Judy Mazel ha encontrado un método en el que la comida puede ser un placer y el consumo total de calorías no es la cuestión que se trata. En vez de eso, se estará utilizando la combinación consciente y se tomará la mezcla adecuada de alimentos.

Al hacerlo, te verás bien, te sentirás bien y estarás agradecido con Judy Mazel.

Te deseo todo género de bienes y espero que sigas el método de dieta de Judy.

Dr. Albert Sokol, doctor en medicina.

seis

realidad

Los animales saben lo suficiente para comer lo que está debajo de la roca y no la roca misma. De manera instintiva, nuestros primitivos ancestros también lo sabían. Sus alimentos constaban de lo que crecía en los pastizales, lo que obtenían del bosque, lo que encontraban en la costa y en las aguas superficiales. Cosechaban plantas y animales de la naturaleza y, durante incontables milenios, la dieta de nuestros ancestros fue el sueño de cualquier aficionado a la comida saludable. A lo largo de generaciones de ensayo y error, los seres humanos comprendieron lo que funcionaba y lo que no. Pero sin importar lo que comían, eran alimentos verdaderos, no piedras. No tenían opciones.

Nosotros tenemos opciones, miles de ellas. Manejar por cualquier autopista es un viaje a una tentación de comida rápida. Un paseo por cualquier supermercado es una aventura a la seducción de entremeses. Baja en grasas, sin grasa, nueva, mejorada, empacada, apilada, envuelta y encostalada, nuestra comida es un flujo interminable de alimentos industrializados. Está diseñada para cortejarnos y dejarnos boquiabiertos con su embrujo de facilidad y conveniencia. ¡Es un gran negocio, muy grande, y las cuentas bancarias de los proveedores de alimentos procesados son cada vez más gordas y voluminosas, al igual que las personas!

Por supuesto, no tenemos a quien culpar, sino a nosotros mismos. A pesar de todo lo que se habla de ingerir alimentos más sanos, lo comemos cada vez con más sustancias químicas y grasa, y con mayor tamaño que nunca antes. Si lo hacen mayor, iremos y lo consumiremos. En donde la frescura y la calidad de los ingredientes alguna vez fueron factores determinantes en la decisión de compra, lo que hoy cuenta es la conveniencia y qué tan grande es. Ya sea que se trate de comida rápida, comida de conveniencia, entremeses o restaurantes de lujo, lo mayor es lo que se vende.

¡Y las personas son lo que comen!

La próxima vez que estés en el supermercado, toma un paquete de comida y lee los ingredientes. ¿Cuántos nombres reconoces? ¿Cuántos puedes siquiera pronunciar? Es muy probable que la letra de la lista de ingredientes, en caso de que puedas leerla, esté sea tan pequeña que parecerá el índice de un texto de química. ¿Es esto comida? ¿O bien piedras? ¡Bueno, yo estoy aquí para decirte que ciertamente no es alimento!

Los monoglicéridos, el nitrato de sodio, el sorbanato de sodio, el hidroxitolueno butilado (BHT) son algunas de las sustancias químicas a granel que se arrojan a manos llenas en la comida que ingerimos. Y esos kilos se suman a los que usted ya tiene. ¿Cómo afectan estos compuestos la función natural de la digestión? ¿Cuáles son los efectos de nuestra dieta, cada vez más saturada de sustancias químicas? Las comunidades científicas y médicas no pueden estar ciegas. Del mismo modo en que ya no pueden descalificar los méritos de la combinación de alimentos y el enorme potencial de las enzimas, ya no es posible seguir usando tapaojos a medida que nos alimentan de manera forzada con sustitutos elaborados en un laboratorio... sustancias químicas disfrazadas de comida.

Confía en mí, ellos conocen los hechos, y el hecho es que el cuerpo humano no puede convertir los aditivos químicos y los alimentos artificiales en nutrientes que puedan absorberse, metabolizarse o eliminarse. Asimismo, estos compuestos químicos simplemente no pueden pasar por el organismo tal como están; sólo el agua y la celulosa lo hacen. Por lo tanto, son absorbidos durante un periodo indefinido, impiden la digestión y agregan kilos a nuestro peso. El lapso que requiere el cuerpo humano para eliminar los kilos de sustancias químicas con las que se ve inundado es desconocido. Ningún estudio científico publicado acerca del tema está disponible.

Es importante observar que los conservadores, como el nitrato de sodio, el propionato de sodio y el BHT se almacenan en nuestras células grasas. Cuando sugerí al médico que me informó de este hecho, que quizás esto explicara la dificultad que las personas tienen para perder peso, su respuesta fue "¡Eso no es muy científico!". Quizá no lo era, pero tiene mucho sentido común.

El cuerpo humano se alimenta de los nutrientes (alimentos) que elegimos. Todo es decisión de uno mismo. Es preciso asumir la responsabilidad. El núcleo de la combinación consciente y la clave para el éxito, como flaco renacido, consiste en asumir la responsabilidad por el propio cuerpo. No cuentes con los expertos; utiliza tu propio sentido común: tiene millones de años de experiencia. Asume la responsabilidad de lo que comes. Piensa en cada bocado que integras a tu organismo.

Los alimentos, tan placenteros como son, en realidad tienen un solo propósito: proporcionar a nuestro cuerpo la materia prima que requiere para sostener la vida. Cualquier bocado que se ingiere que contiene nutrición desperdiciada, que contiene sustancias químicas, es un robo al organismo. Y la mayoría de la comida congelada, empacada o preparada que adquieres está llena de desperdicios nutricionales. De la comida de gourmet a la fórmula para bebés, de los almuerzos escolares a la comida rápida, la dieta cotidiana de conveniencia manufacturada se ha convertido en una pesadilla nutricional. Debemos abrir los ojos. ¡Es tiempo de despertar!

Como he dicho, *La nueva dieta de Beverly Hills* es un programa de delgadez perenne. Esta opción de vida de buena nutrición requerirá cierto esfuerzo al principio, pero al igual que la combinación consciente, pronto se convertirá en una segunda naturaleza. Como ayuda para el camino, trata de tener presente estos tres pensamientos cuando vayas al supermercado a comprar víveres:

1. *Cuidado con cualquier comida procesada*. Esto incluye cualquier alimento que haya sido cocinado. No te engañes pensando que el apetitoso pollo cocinado sin sazonar y "sin sal", en la sección de *delicatessen* del supermercado local, es lo que parece. Quizás ni siquiera sea parte del abastecimiento de pollo del supermercado. Las leyes para

el manejo seguro de alimentos en la mayor parte de los estados lo prohibirían. Más bien procede de un proveedor de pollos, empapada en una solución de conservadores e inyectada previamente con sal.

2. ¡Compra el alimento, no el empaque! No caigas en las garras de la mercadotecnia. Piensa en el contenido de la caja o bolsa. Después de todo, dentro de poco estará en tu organismo.

3. Lee las etiquetas. Se un comprador inteligente y suspicaz. No supongas que el alimento es "fresco" o "sano" sólo porque el empaque lo dice. Mira de cerca y con cuidado los ingredientes, no los porcentajes.

Y cuando digo que lo mires de cerca, hablo en serio. En una reciente visita a la casa de mi madre, revisé su alacena y me sorprendió descubrir que la caja de un popular cereal para el desayuno afirmaba no tener conservadores. En uno de los lados de la caja, se encontraba una lista con el título "ingredientes". Para mi sorpresa, ¡*todos eran naturales*! Luego pasé a la lista de vitaminas y minerales, que contó una historia muy distinta. La columna comenzaba con una megalista de vitaminas y minerales, pero terminaba con BHT: un conservador. Difícilmente era una vitamina o un mineral. Es claro que debía enlistarse en los ingredientes, no estar oculto entre las vitaminas y los minerales. Y no se trataba de una errata de impresión.

Por pura suerte, más tarde ese mismo día coincidí en un transporte al aeropuerto con una abogada del mismo fabricante de cereales. Esta mujer se dirigía a su casa después de asistir a un seminario para abogados del sector alimenticio que se había celebrado en Chicago.

"¡Qué coincidencia!", exclamé al escuchar su ocupación y lugar de empleo, y comencé a cuestionarla respecto a la legalidad del ingrediente mal colocado que había descubierto. Se sorprendió porque era una errata en la etiqueta. Un año antes de mi descubrimiento, había sido movido de su posición desorientadora en el paquete a un lugar más apropiado.

Este incidente ocurrió el 5 de febrero de 1996. Estoy segura que si revisas las marcas más populares de cereales para el desayuno en el anaquel del supermercado, descubrirás que esta falta en las etiquetas aún existe. Lo hace en el momento que escribo esto, en el verano de 1996.

¿En quién podemos confiar? ¿Con quién podemos contar? Lo repito, todo depende de ti. Confía en tí mismo y en tu propio sentido común. Una parte importante de aprender a tomar el control de lo que comes consiste en aprender a comer para vivir. Y eso comienza al convertirte en un consumidor inteligente.

siete

la escena delgada

Dos cosas engordan a las personas: la vida social y la vida emocional. Yo soy víctima de ambas. La mayoría lo somos. Por desgracia, somos miembros de una sociedad orientada a la comida. Las reuniones de negocios ocurren durante el desayuno, el almuerzo, los cocteles y la cena. Nos entretenemos, socializamos, celebramos con comida. Ahora bien, con la popularidad de las clases de alta cocina, también nos encanta aprender acerca de los alimentos. Hoy, el arte de imponerse a los demás parece depender de una salida a comer a otra. Cocinar y comer constituyen nuestro pasatiempo número uno.

No te preocupes: para estar flaco no necesitas renunciar a las alegrías de cocinar o de comer en compañía de tu familia, amigos y asociados de negocios. Sólo haz algunos ajustes, que por lo general serán menores y temporales. ¡Ya no existe razón para que comas bajo la mesa, porque hoy no hay nada sobre ella que no puedas probar! Si te encuentras en una fiesta en la misma cuadra o en un viaje de negocios del otro lado del mundo, podrás llevar contigo tu nuevo estilo alimenticio de vida de delgado.

FIESTAS

Las fiestas engañan incluso a la persona de corazón más fuerte (¿o debería decir de corazón más delgado?). Tradicionalmente, las fiestas han representado una oportunidad para enloquecer: son ocasiones especiales en las que se permite cualquier excusa; cuando todos lo hacen y nadie los observa. Pero es la antigua conciencia de dieta lo que dice que las fiestas son la última cena. A partir de este momento, las convertirás en el mejor de los momentos. Y yo te ayudaré.

Primero y lo más importante, no hagas sacrificios sociales. No permanezcas en casa sólo porque ese día debes comer algo específico. Si se trata de algo que tu anfitrión no servirá y tú no deseas caer en la tentación de otros platillos deliciosos, llámalo por adelantado y explícale la situación.

> NOS INVITARON A COMER EN LA CASA DE UN AMIGO EL DOMINGO DEL SÚPER TAZÓN. LLAMÉ A LA ANFITRIONA Y LE DIJE QUE NO PODÍA IR. LE EXPLIQUE LO QUE ESTABA HACIENDO. NO CREÍA PODER PASAR TODA UNA TARDE JUNTO A TODOS LOS ENTREMESES, YA QUE SE SUPONE QUE ESE DÍA COMERÍA ÚNICAMENTE PIÑA.
>
> LUEGO, ME PUSE A PENSAR EN OTRO AMIGO DE NOSOTROS QUE ESTARÍA ALLÍ. SE TRATABA DE UNA ALCOHÓLICO EN RECUPERACIÓN. SI ÉL PODRÍA ESTAR JUNTO A PERSONAS QUE BEBIERAN TODA LA TARDE, CIERTAMENTE YO PODRÍA ESTAR FELIZ, COMIENDO PIÑA Y BEBIENDO CHAMPAÑA. LA LLAMÉ DE NUEVO Y LE DIJE QUE IRÍA. PUES BIEN, FUIMOS Y NO ME PERDÍ DE NADA, EXCEPTO QUE LAMENTO LA CULPA QUE HABRÍAMOS SUFRIDO SI NO HUBIÉRAMOS IDO. NOS HABRÍAMOS PERDIDO TODA LA DIVERSIÓN.

Nancy, Washington

Permítete disfrutar la fiesta sin culpa ni temor. Confía en el programa, en la técnica que aprendes y aplicas, y en tí mismo. Y cuando tu cabeza diga que no y tu corazón que sí, y tomas la decisión de comer, acércate a esas costillas en salsa y simplemente repítete, "Solía estar gordo. ¡Ya no lo estoy y nunca más lo estaré!". Luego relájate y diviértete. ¡Estás adelgazando!

Es importante hacer elecciones alimenticias conscientes en el mundo real desde el principio. Por supuesto, la opción siempre podrá ser modificar cualquier día del programa de pérdida de peso en 35 días. Aprenderás cómo hacerlo una vez que comience.

Sin embargo, si no quieres modificarlo sigue el ejemplo de Nancy: llama con antelación a tu anfitriona y explica tu situación. Siempre podrás ofrecer a llevar otro platillo... que también tú puedas probar.

Cuando voy a una fiesta, tengo presente una idea principal en mi mente cuando paso junto a la comida: "¿Vale la pena?". Sé que por cada bocado que entra a mi boca hay algo que no podrá hacerlo. Siempre pienso que mi elección determinará lo que tengo que ingerir y lo que no podré tomar después (*ver el capítulo 5*). Por no mencionar que, tarde o temprano, me llenaré y podré probar ninguna otra cosa. Bueno, lo cierto es que no quiero estar demasiado llena para comer algo espectacular que aún está por venir, sobre todo porque comí algo que no me gusta particularmente, para empezar.

PEQUEÑAS SUGERENCIAS PARA UNA FIESTA DE FLACOS

Indicadores prácticos

1. Evita las papas fritas, las nueces, *pretzels*, pepinillos, queso, gelatinas, vegetales crudos y salsas (a menos que sólo estés comiendo carbohidratos).

2. No comas fruta ni nada mezclado con esta (incluidas las bebidas), a menos que, por supuesto, no hayas comido otra cosa que fruta hasta ese momento y no pretendas comer nada más durante dos horas.

3. Mezcla las bebidas alcohólicas sólo con agua o refresco de soda.

4. La champaña es la bebida alcohólica preferida.

5. El día de la fiesta no comas proteína antes de la misma. Una vez que termine esta, sin importar el momento del día o de la noche, si sólo has comido proteínas, el 80 por

ciento de lo que ingieras durante el resto del día deberá ser proteínas.

6. Siempre adquiere con antelación la fruta que tomarás en el desayuno a la mañana siguiente de la fiesta, de modo que esté en casa, esperándote.

7. Pésate todos los días, sin ninguna otra consideración.

RECORDATORIOS DE LA MENTE POR ENCIMA DE LA MATERIA

- No utilices tu vida social como excusa. Haz el compromiso antes de ir a una fiesta y apégate a él. Recuerda, nadie puede obligarte a probar nada. Tu vida social seguirá adelante y habrá más cenas y fiestas. No perderás nada, excepto uno o dos kilos.

- Antes de probar el primer bocado, revísalo todo. Observa el menú, incluidos los postres. Luego, sea cual fuere tu elección, disfrútalo. Come con una mano y un bocado a la vez. Siempre ten en mente que no es cuánto puedas comer en un lapso breve, sino cuánto tiempo puedes hacer que dure el gusto.

- Permanece en guardia. Sólo porque la comida esté allí, no estás obligado a tomarla. Si te ves atrapado en una fiesta en la cual la comida no vale la pena, y ciertamente tampoco vale la pena engordar por su causa, escoge con cuidado los alimentos que comes. Trata de estar consciente de tu categoría y recordar que, si comes proteínas, entonces debes alejarte de los carbohidratos.

- Por encima de todo, no te avergüences de admitir que estás a dieta. Si tu gordura es evidente y comes lo mismo que toman los demás, quizá se pregunten por qué no estás a dieta. Y si te acercas a la delgadez y estás a dieta porque quieres deshacerse de esos últimos cinco kilos, o si estás manteniéndote y simplemente comes para lograr una nutrición óptima y energía adicional, podrás obtenerlo todo.

- Comprométete con la condición, concede con dignidad y da tu espalda a la culpa, junto con la obesidad. Con toda certeza habrá momentos en los que te quedes atorado... cuando simplemente no puedas "hacer lo que quieres" sin crear un drama, cuando debas llegar a comprometerte. Simplemente recuerda que mañana será otro día. A diferencia del pasado, en el que el mañana a menudo significaba buenas intenciones no satisfechas y promesas de dieta rotas, se trata de un mañana lleno de esperanza y satisfacción. Estás en el proceso de crear un flaco eterno, por eso no permitas que una situación o lugar específicos te dicten qué comer. Toma sus propias decisiones. Permanece bajo control. Si eso te gusta, terminará agradando al resto del mundo.

- Verifica tu reloj cuando llegues a la fiesta e ignora la comida durante 15 minutos. Una vez que decidas entrar, no te lances de cabeza. Desprograma esa demoníaca acción de la mano a la boca. Muévete por todas partes, y aléjate de la comida.

- Tan pronto como pongas algo en la boca, alguien te hará una pregunta. Es difícil llamar a alguien por su nombre cuando la boca está llena de albóndigas.

- Piensa en lo socialmente atractivo que es cuando tus manos y tu boca están llenas de comida. No es fácil abrazar a un amigo con una copa de vino en una mano y un ala de pollo en la otra. Dime, ¿a quién es más probable que busques: a la persona a quien le chorrea la salsa por la barbilla o al conversador inteligente que está en el centro de la habitación, lejos de la comida, y cuyas manos están libres para estrechar las tuyas?

- Ten cuidado de los bocados para rellenar los vacíos sociales y de lo que pones en tu boca y que ni siquiera sabe bien. Recuérdalas y regístralas en tu diario de dietas junto con todo lo demás que comisite. Servirá como recordatorio de lo que deberás evitar la próxima vez.

- Si algo no sabe bien, no lo tragues, simplemente escúpelo discretamente, por supuesto.

- Sigue recordándote a ti mismo que es una ocasión social, no sólo una oportunidad para comer, y que habrá muchas más en el futuro. Trata de concentrarte en la conversación, no en la comida. Y diviértete... ¡estás adelgazando!

DÍAS FESTIVOS

Por tradición, los días festivos han representado una oportunidad para excederse. Se trata de ocasiones especiales en las que se permite cualquier excusa. Nadie vigila. Pero es esa antigua conciencia de las dietas la que dice que las vacaciones son la última cena.

Recuerda, no es necesario que, como flaco fenacido, comas todo lo que quieras bajo la mesa porque no hay nada encima de ella que no puedas comer, no si comiste tu fruta en la mañana y te mantuviste abierto enzimáticamente al evitar la proteína e ingerir sólo carbohidratos. Recuerda, una vez que comiences a comer proteínas, el 80 por ciento de los alimentos que tomes el resto del día deben pertenecer a este grupo.

Considera los días festivos como un campo de pruebas para tu nueva conciencia. Este es el momento de permitir que tu voz flaca grite. Las personas delgadas no se vuelven locas sólo porque sea día de Acción de Gracias, Navidad o Pascua. Saben cuándo es suficiente, y tú deberías saberlo también. Por qué no observar a una persona delgada comer y tratar de emularlo, recordando que no es cuánto pueda comer en un lapso breve, sino cuánto tiempo puede hacer que dure el gusto. Recuerda, si no puedes comerlo todo hoy, la comida seguirá allí mañana.

Si tratas de perder peso y la fiesta cae en el día de comida específica en la dieta, pero quieres participar en la cuestión alimenticia de la fiesta, puedes permitírtelo. Autorízate a disfrutar la fiesta sin culpa, pero sigue las reglas para modificar (*ver Modificar el plan, página. 105*).

Luego, en la siguiente fiesta de Navidad tendrás una cosa más por la cual dar gracias: el cuerpo con el que siempre soñaste y los medios para mantenerlo así por siempre.

CUMPLEAÑOS

Como el día de tu cumpleaños es tuyo y de nadie más, puedes hacerlo un verdadero día para excederte. Incluso quienes siempre nos molestan por nuestra gordura nos llevarán a cenar, nos pondrán frente a una gran cantidad de comida y nos invitarán a ingerirla. Bueno, este año tendrás algo que celebrar: ser un flaco renacido. Nunca más tendrás que utilizar tu cumpleaños como excusa: ¡no necesitas una excusa!

Para reforzar mi propia elección de vida de ser delgada, dado que aquella ballena de 82 kilos que alguna vez fui está siempre al acecho, decidí hacer de mi cumpleaños uno de los días más austeros del año. Es casi como un día de adoración y reverencia para mí misma, para mi salud y mi personalidad delgada.

Sé muy bien que lo que alguna vez fue, podría ser de nuevo. Siempre sé que una personalidad obesa puede regresar; que aquellas pequeñas células obesas están atentas, esperando con ansiedad su oportunidad para regresar. En vez de comer para celebrar mi cumpleaños, me hago un regalo. Algo especial que haya esperado con ansia todo el año.

Sin embargo, si en vez de seguir mi ejemplo, decides celebrar con comida, está bien. Sólo permítetelo y luego disfrútalo. En caso necesario, regresa a las Contrapartes Correctivas (*ver página. 111*) y te recuperarás. Si modificas el día programado para la pérdida de peso, sigue las reglas para ello que aparecen en Modificación del plan (*ver página. 105*).

BODAS Y BANQUETES

Merecen una categoría separada porque tienen una cosa en común: la comida se prepara de manera masiva. Piense al respecto: ¿de verdad quiere participar en una comida preparada para cientos de personas? Antes de asistir a uno de tales eventos, me comía una fruta en la mañana y sólo carbohidratos antes del evento. Así permanezco enzimáticamente abierta y preparada para cualquier cosa.

Como sólo puedo realizar una cantidad determinada de comidas abiertas y no vale la pena desperdiciar una de ellas en la mayor parte de los banquetes, normalmente me quedo con los carbohidratos, porque las porciones de proteína son muy pequeñas para ser satisfactorias y es difícil obtener más. Siempre hay una ensalada (y por lo general se puede repetir dos o más veces), y el pan y la mantequilla son abundantes. Por favor, no seas tímido a la hora de hacer preguntas. Para casi todos los establecimientos públicos, es fácil ser complacientes; después de todo, ese es su negocio. Incluso puedes llamar al departamento de banquetes con anticipación y pedir una comida especial. Siempre podrás conseguir papas al horno o un plato de vegetales o una fruta si te encuentras en un día programado de pérdida de peso y no quieres desviarse. Sin embargo, si no se te ocurrió llamar con antelación, repito, no seas tímido. Arriésgate y pregunta en el lugar. La generalidad de las instalaciones para grupos podrán complacerte sin parpadear.

Por supuesto, siempre hay excepciones cuando se sabe que la comida será fantástica. En esos casos, adelante y disfruta tanto la comida como el hecho de que estás desarrollando una técnica para alimentarte de modo que la comida no te controle.

RESTAURANTES

Por supuesto que debes salir a comer. No espero que te conviertas en un ermitaño. Como ya mencioné, no se te permite, bajo ninguna circunstancia, hacer sacrificios sociales. Esto es más importante cuando se trata de perder peso. No es posible construir un muro en torno a ti mismo y esperar que adaptes mi forma de comer a tu estilo de vida, por no hablar de desarrollar tu voz de delgado.

No obstante, ir a un restaurante no significa una licencia para volverse loco, comerlo todo y echar las cosas a rodar. Si bien nos gustaría utilizar la excusa de que la atmósfera apasionante y permisible de un buen restaurante representa la mejor excepción, no es así. Considera por un momento el número de restaurantes. Luego sólo cuenta el número de veces en una semana determinada en que estás en uno de ellos. Es claro que cada vez que visites un restaurante no será la última, por eso deja de pensar en esas ocasiones como una excepción.

Admito que ir a restaurantes puede ser desconcertante mientras seguimos un programa de pérdida de peso. Puede ser particularmente difícil al principio, si cenar en restaurantes es un aspecto normal de tu estilo de vida. Trata de continuar con tu plan alimenticio tanto como sea posible. Sustituir un carbohidrato por otro, una proteína por otra, es decir, comer papas en lugar de maíz o una chuleta de cordero en vez de pollo, no es un problema, tampoco lo son las desviaciones o modificaciones ocasionales de las comidas de pura fruta. Recuerda, sin embargo, que las enzimas en la fruta son críticas para la pérdida de peso, y que demasiadas desviaciones de la fruta programada reducirán el tiempo de pérdida. A menos que el lapso que se requiere para perder peso no sea importante, es mejor desviarse de las comidas de fruta sólo si es absolutamente indispensable.

Eso no significa que si estás en un día de uvas y te encuentras en un restaurante de carnes, debieras simplemente quedarte sentado tomando café negro, envuelto en el sudario del martirio, mientras todos los demás a tu alrededor se permiten todos sus caprichos. Te sentirás miserable y todos los demás compartirán tus sentimientos. Confía en mí, en tanto estés comiendo algo, aun si son sólo uvas, la mayoría de las personas se relajarán (recuerda que siempre puedes beber champaña o cualquier tipo de vino con la fruta).

¿Cómo es posible pedir uvas en un restaurante de carnes? Se piden sin pedirlas. ¡Es fácil! Recuerda que no eres la única persona a dieta. Con frecuencia, los restaurantes reciben solicitudes especiales, y cualquier buen restaurante hará todos los esfuerzos que estén a su alcance para complacerte.

Llama al restaurante con antelación y explica al capitán que sigues una dieta especial. Dile lo que necesitarás y pregúntale si puede proporcionarlo. (Creeme, sólo es difícil la primera vez.) Si el restaurante no puede proporcionarte la comida que necesitas, pregunta si te servirían tu propia comida, si la llevas contigo.

Como te dije, es fácil, divertido y se vuelve siempre un juego. ¡No permitas que los restaurantes te sentencien a muerte! No tienen que hacerlo, y no debes ser una víctima o un mártir si siempre vas preparado.

Si no puedes o no ha llamado al restaurante de antemano, o si es un lugar casual en el que sería incómodo llamar con antelación, lleva la comida contigo y habla con el capitán al llegar. Explica tu situación; que eso es todo lo que puedes comer y si ellos tendrían la amabilidad de servírtelo.

Por supuesto, yo siempre ofrezco pagar un cargo por servicio equivalente a lo que costaría una comida. Después de todo, es presuntuoso de nuestra parte pensar que podemos monopolizar una silla en un restaurante sin pagar. Esa es su forma de ganar dinero. A pesar de este hecho, es posible que no te cobren un centavo. Si no hay capitán o anfitrión, di al mesero tu situación y luego ofrece pagarlo. En realidad dudo que debas pagar un centavo. Yo nunca lo he hecho ni nadie con quien yo haya estado.

Como los restaurantes siempre serán parte de tu vida, ahora es el momento de ponerlos en perspectiva. No puedes permitir que interfieran con tu delgadez, no si deseas continuar viendo esos números delgados en la báscula.

VIAJES

En la carretera

Los restaurantes son una constante en tu vida, así como los viajes. Nunca olvides que *La nueva dieta de Beverly Hills* es una forma de vida que deberá integrarse en cada aspecto de esta. Comes cuando sales de viaje, ¿cierto? Al igual que los restaurantes, los viajes deberán integrarse a tu nuevo estilo delgado, y no utilizarse como una excusa para hacer excepciones en la elección de alimentos.

Los viajes en el automóvil son sencillos. Simplemente lleva contigo la comida. Los *bagels* y las frutas secas son mis compañeros constantes de viaje. Por lo general, los restaurantes en el destino son mucho mejores que los situados en la ruta, pero si hay alguno bueno a lo largo del camino y lo conoces con antelación, deberías planear para entrar a él. De hecho, buscar y detenerme en fondas locales únicas, mientras estoy de viaje en automóvil, es una de mis diversiones preferidas.

Siempre recuerda hacer cualquier parada sólo en un restaurante que valga la pena. Reserva tus diversiones para los buenos restaurantes y rechaza, pasa por alto e ignora los innumerables establecimientos de comida rápida que encontrarás en el trayecto.

Por aire

Sé que no hay mucho que hacer, excepto comer, cuando vas encerrado en un avión, ¿pero en realidad tienes que ingerir esa comida? ¿Desde cuándo las cenas para televisión se han vuelto tu comida preferida? Sé que es gratuito y que se incluye en el precio del viaje, pero así como no existen viajes gratuitos, tampoco hay alimentos gratuitos: siempre te costará algo. Si no en términos monetarios, repercutirá en los números que tanto te gusta ver en la báscula del baño. Y, como dije, si comes, ¿en realidad tienes que comer esa comida? Cuando puedes elegir alguna cosa en el mundo, ¿por qué elegirías la comida de un avión?

Preparada en forma masiva, cocinada con antelación y calentada para la ocasión, la comida de avión no puede compararse con ninguna otra cosa que puedas probar en la vida real, excepto quizá la cena en una lonchería con pretensiones. Primera clase o turista, no importa, y por desgracia sigue empeorando. En mi último viaje a través del país, me sirvieron un burrito incomible que ni siquiera se comparaba con uno de sus homólogos en el último de los lugares de comida rápida del mundo. Cuando pedí algo de pan y mantequilla como reemplazo, la sobrecargo, amablemente, me dio gusto. Por desgracia, la mantequilla no era tal; era una de esas molestas sustancias para embarrar carentes de mantequilla... ni siquiera había mantequilla verdadera a bordo. Por supuesto, soy lo bastante lista como para confiar en el destino, y mordí felizmente una de las *bagels* que llevaba para la ocasión.

Los viajes en avión, en particular los largos, son fantásticos para tomar algunos entremeses. ¿Por qué no aprovecharlos entonces? Existen muchos tipos distintos de alimentos que puedes llevar contigo con facilidad. Sólo utiliza la imaginación y permite que la hora del día y la duración del viaje determinen tus opciones. En la mañana, por lo general llevo fruta o *bagels*. Para vuelos a mitad del día, mis opciones van desde las nueces a papas fritas sin sal o palomitas de maíz. Incluso he llevado pollo frío o un gran emparedado que me preparé en casa o que compré camino al aeropuerto. Sin embargo, aún tengo que esforzarme por no sentirme infinitamente superior por los alimentos que escogí cuando observo la charola de mi vecino.

Pero si aún no estás convencido, o si te opone a llevar contigo tu propia comida, prueba algunas de las comidas bajo orden especial. La comida sin sal es una buena opción, ya que las comidas normales son inusualmente saladas. Asimismo, si ordenas una comida sin sal, por lo menos no padecerás hinchazón como resultado de retener toda el agua que necesitarás beber para enjuagarla. Los mariscos también son una buena opción porque probablemente serán más sabrosos que cualquier otra elección tradicional de comida especial. A menos que sea hindú o asiático, olvida el plato vegetariano; sólo te decepcionará. A pesar de mis esfuerzos inquebrantables, a pesar de haberme deshecho de muchos kilos, (quizá en este momento estoy baja de peso) nunca he tenido éxito al pedir y recibir una comida vegetariana normal sin queso, o una ensalada sin semillas de ajonjolí o queso (difícilmente vale la pena la mala combinación). Aparte de lo cual, por lo general las ensaladas son tan pequeñas que apenas llenarían el estómago de un caracol. ¡Y por favor, olvídate de los platos de fruta con naranjas, manzanas y toronjas acompañados por queso *cottage* o yogur!

Los viajeros habituados y los combinadores conscientes saben que atiborrarse de comida en el aire complica de manera significativa el *jet lag*, entonces no agregues el insulto de los kilos de más.

Creeme, te sentirás mucho mejor física y mentalmente si ingieres tu propia comida, y tu cuerpo te lo agradecerá.

CUANDO LLEGUES A TU DESTINO

Un viaje no debe ser la ocasión para desviarse o modificar tus hábitos alimenticios una vez que llegues a donde te diriges. Al igual que los restaurantes, los viajes siempre han servido como una gran excusa para excederse. Pero tú no necesitas una excusa. ¿Qué no puedes comer? ¿Qué no puedes servirte? Simplemente sigue los puntos básicos de la combinación consciente y podrás disfrutar de tus vacaciones... y de la comida. No quieres regresar a casa y tener que hacer a un lado todo tu guardarropa nuevo de flaco, ¿o sí?

Los viajes son una buena ocasión para probar tu voz de flaco. Si estás de vacaciones, quizá fuera muy ambicioso esperar que se apegue al programa exacto de 35 días de flaco renacido. ¿Un día de sandía mientras esquías en Aspen? ¿Comer papaya mientras visitas las pirámides de Egipto? ¿O una cena compuesta únicamente de papas al horno en un restaurante de cuatro estrellas en París? No es necesario, así que ni siquiera lo intentes.

Tú sabes que puedes modificar o desviar sin que esto represente tu muerte. ¡Tienes permiso! Estás creando un programa de hábitos alimenticios. No estás a dieta. Esto no significa sólo perder peso. Más importante, ¡significa vivir y disfrutar de tu nueva vida en el mundo de los flacos! Así que come y disfrútalo y, a medida que sigas las reglas, terminarás ganando, o mejor aún... ¡perdiendo!

ocho

la mente por encima de la materia

Los expertos nos dicen que el ejercicio es un factor importante que nos ayuda a manejar los problemas reduciendo el estrés y la tensión a la vez que se controla el apetito, el cual (podría añadir) a menudo no es más que una respuesta emocional a una situación emotiva o de tensión. Nosotros los "comedores" (aquellos a quienes nos encanta comer y que vivimos para ello) también tenemos muchos sentimientos. Por desgracia, durante los momentos difíciles, con frecuencia comemos en vez de sentir. Nos tragamos la envidia que nos mata. Nos tragamos la ira. Nos tragamos el dolor. Nos tragamos el orgullo. Nos tragamos nuestros sentimientos.

Si lo único que el ejercicio representa para nosotros es permitirnos ventilar nuestros sentimientos en vez de comer, ciertamente no hay motivo de burla. Si bien el ejercicio es vital para la salud mental e importante para mantener un corazón sano y una buena circulación, no es parte obligatoria de este programa. Si haces ejercicio o no, tendrá poco o ningún efecto en la pérdida de peso.

La clave para perder peso no consiste en quemar calorías mediante el ejercicio, sino comer las combinaciones correctas de alimentos. Las opciones de alimentos son lo que te harán reducir de peso y te conservarán delgado. Las enzimas naturales en la fruta te ayudarán a quemar grasa y contraatacarán el potencial para ganar peso de las llamadas comidas "engordadoras".

El metabolismo lento no tiene la culpa. Recuerda, no existe. Tú puedes controlar tu metabolismo. Puedes acelerarlo si combinas los alimentos de manera eficaz. No tienes que hacer nada físico para que tu metabolismo aumente; las calorías se queman de manera automática cuando practicas mi técnica de la combinación consciente.

Recuerda, el metabolismo es el tercer paso del proceso digestivo. Si la comida se divide en nutrientes de manera eficiente y suficiente, y estos a su vez se absorben como debiera, se metabolizarán con eficacia. Las calorías resultantes de la conversión de los alimentos que ingeriste se transforman en la energía de tu cuerpo. La comida sólo puede hacerte engordar si no se transformó en calorías. Una caloría se vuelve tal mediante la combustión; no tienes que crearla, es el fenómeno natural de una caloría: ¡lo que hace que una caloría lo sea!

Este concepto es la base de la combinación consciente, el principio fundamental de *La nueva dieta de Beverly Hills* y de mi programa de flaco renacido. Es verdad, se burla de todo lo que te han enseñado a creer, pero si contar calorías funcionara en realidad, si hacer ejercicio en forma desaforada y no comer casi nada funcionara, todos estaríamos delgados. Sesenta millones de estadunidenses no estarían obesos, en particular los millones que practican en un régimen regular de ejercicios. En mi opinión, ¡la única razón por la que el ejercicio ayuda a reducir el peso es porque la persona que lo hace está demasiado ocupada para comer!

Esto no significa que no recomiende el ejercicio. Por el contrario, no podría vivir sin mi rutina personal. Reconozco la importancia del ejercicio por los efectos saludables que tiene sobre nuestro sistema cardiovascular y bienestar mental. Simplemente no insisto en ello.

Por experiencia sé que cuando el ejercicio es un requerimiento de un programa de pérdida de peso, estamos más propensos a perder a quien se pone a dieta que a ayudarle a perder el peso.

En general, la mayoría de quienes tienen kilos de más ya están tan atormentados con las culpas, que agregar la carga adicional y la distracción de tener que hacer ejercicio cae por su propio peso. Se vuelve demasiado y, antes de que te des cuenta, se tratará de un caso más de decepciones del tipo "lo probé, pero...". Todo cambio en los hábitos alimenticios, incluso la combinación consciente, requiere disciplina. El ejercicio físico también lo requiere. Si no estás seguro de tu capacidad para permanecer concentrado en tu tarea primaria de perder peso, será mejor pasar por alto el ejercicio durante un tiempo. Únicamente puedes emprender una sola cosa a la vez.

Pero no quiero que me malinterpretes, no trato de desalentarte de hacer ejercicio. Sólo soy conservadora y realista. He estado en esto durante mucho tiempo y sé lo que funciona. Como regla, los "comedores" a menudo son personas cuyos logros son superiores a los de la mayoría.

En nuestro intento desesperado hacia la mejora propia (como en todo lo demás), nos fijamos metas poco realistas para nosotros mismos. Estas expectativas sólo sirven para socavarnos. De manera literal y figurativa, mordemos más de lo que podemos masticar, y nos ahogamos en el proceso. Así, sólo hay que comenzar lentamente y ser realista al establecer el programa y las metas.

¿Qué tipo de ejercicio es el mejor para ti? Sólo tú puedes juzgarlo. Existen incontables actividades físicas organizadas, desorganizadas y no organizadas, que van desde una caminata en solitario hasta una clase de ejercicios aeróbicos repleta de alumnos. Haz una lista de todas las actividades físicas que te llaman la atención y prueba cada una. Luego apégate a las que te gustan más. Puedes probar otra cosa cuando dejes de sentirte bien.

Si te aburres o comienzas a dudar de la actividad que elegiste, no te presiones. Es tiempo de pasar a alguna otra cosa de tu lista. En ningún lugar está escrito que debas realizar un ejercicio para siempre. Si tomas con calma tu rutina de ejercicios, lo harás con facilidad y de manera divertida. Manténlo divertido, y disfrutarás y deleitarás con el nuevo y orgulloso cuerpo que estás creando.

Sé que está de moda pertenecer a un club de salud, pero, por favor, no te precipites y te unas a uno. Quizá dejes de acudir y simplemente estarás tirando tu dinero. Si quieres ir a una clase organizada, está bien. Simplemente no adquieras ningún compromiso costoso y de largo plazo, por lo menos no desde el principio. Al comienzo, paga cada vez que vayas.

Los principiantes deberían participar en un máximo de dos clases a la semana. Si inicias con una rutina poco realista ("¡iré todos los días!") como a menudo es el caso con el fanático renacido del ejercicio, te estarás preparando para fracasar. Tus sentimientos de culpa por ser incapaz de mantener el paso te harán darte por vencido. Si después de un mes quieres aumentar las clases, entonces hazlo por todos los medios.

Tu mejor oportunidad para comenzar consiste en hacer ejercicios que puedas hacer por tí mismo, algo sencillo, conveniente y gratuito; entonces nunca tendrás que decir que no puedes permitírtelo. Si se trata de algo cerca de tu hogar o de tu trabajo, el recorrido y el tiempo nunca podrán utilizarse como excusa.

Caminar es una excelente manera de comenzar, y no requiere ninguna capacidad atlética. Pero, por favor, no comiences con una distancia demasiado ambiciosa. Esos infames "tres kilómetros", que se mencionan con tanta frecuencia, son ridículos; nunca lo lograrás. No, tampoco recorrerás un kilómetro y medio. Cuando digo que comiences con lentitud, hablo en serio. Durante los primeros tres días intenta una cuadra en cada sentido. Luego, cada tres días aumenta la distancia en una cuadra hasta que llegues a una en la que te sientes cómodo. Mantéla hasta que te veas obligado a avanzar más; hasta que la distancia que recorres simplemente no sea suficiente y debas caminar más.

De manera ideal, un buen programa de ejercicios debería dejarte siempre un poco hambriento y deseoso de más. Así, siempre habrá algo que quieras hacer, que esperas ansiosamente hacer y que continuarás haciendo.

Experimentar con muchos tipos distintos de ejercicio me ha dado una gran variedad de opciones, y el que me gusta es el yoga.

Estírate y te sentirás mejor. Cuando te estiras, tu cuerpo y tú mismo se expanden; cuando llegas al infinito, te das cuenta que no hay límite para tu potencial. Ninguna forma de ejercicio pone en armonía el cuerpo y la mente, o da mayor fortaleza física y mental, que el yoga. De hecho, la palabra yoga significa unión, y su práctica representa la unión del cuerpo, la mente y el alma. Mi cuerpo realmente comenzó a tomar forma cuando cambié de los ejercicios irreflexivos que había estado practicando al yoga, un ejercicio que me hace pensar.

Además de mejorar mi bienestar físico y mi concentración, el yoga me ha permitido cambiar mi actitud mental. Ahora me esfuerzo por aceptar el reto de hacer, no simplemente de lograr. Cuando se aprende a asumir el control del cuerpo mediante el desarrollo de la concentración mejorada, que se derivará de las técnicas de concentración del yoga, en realidad es posible asumir el control de la vida y de la alimentación.

Existen muchos estilos diferentes de *hatha* yoga (*hatha* es el término "genérico" que abarca todos los sistemas de yoga que involucran el movimiento corporal). Algunos suponen un mayor reto que otros. Como principiante, no es necesario buscar el más sencillo. El objetivo del yoga, como mencioné, no es lograr la meta o hacerlo perfectamente. Más bien significa concentrar en forma absoluta la energía y atención en el intento.

Si quieres experimentar el yoga, y te lo recomiendo, tu primera opción debería ser un centro con instructores capacitados.

El *hatha* yoga plantó la semilla, pero en realidad empecé a asumir el control de mi vida cuando comencé a meditar. Cuando comencé a volver mi atención hacia el interior al practicar una forma muy poco física de yoga llamado *kriya yoga*.

Ya sabrás que, por lo general, estamos acostumbrados a ver sólo el exterior de nosotros mismos en busca de una satisfacción. Vivimos en un mundo que nos condiciona a creer que los logros externos nos pueden dar lo que en realidad queremos. No obstante, una y otra vez nuestras experiencias nos muestran que nada externo, no el acto de comer y ni siquiera la comida, sin importar qué o cuánto lo hagamos, puede realmente cubrir el profundo vacío que tenemos en nuestro interior por otras cosas.

Casi siempre nos encontramos esforzándonos hacia aquello que siempre parece estar más allá de nuestro alcance. Estamos atrapados en el hacer en lugar del ser; en la acción, como comer, en vez de la conciencia. Nos es difícil imaginar un estado de completa calma en el que los pensamientos y sentimientos dejan de bailar en un movimiento perpetuo.

Practicar la meditación ofrece un medio definitivo y directo de tranquilizar la turbulencia de los pensamientos y la inquietud del cuerpo, de modo que puedas comenzar a saber, sentir y comprender tu yo interno.

Dado que, por naturaleza, nuestra conciencia y energía se dirigen hacia el exterior, nuestras respuestas emocionales por lo general son resultado de estímulos externos mal entendidos. Sólo cuando se revierte ese flujo de energía y conciencia, y se vuelve al yo interno, pueden ocurrir cualesquiera cambios definitivos verdaderos en la percepción de la realidad.

Este estado de perfección, tan evasivo e imposible como pudiera parecer, esta armonía de equilibrio que se alcanza al conectarse con el yo interno, es posible y definitivamente alcanzable para cada uno de nosotros; existe en el interior de cada persona. Al meditar con regularidad, descubrirás esa perfección oculta en tu interior.

Meditar no es algo que puedas aprender por ti mismo. Contrario a lo que se pudiera creer, la meditación no consiste en sólo sentarse en silencio con los ojos cerrados. Es una ciencia con técnicas muy definidas, fáciles de aprender. La recomiendo ampliamente a quienquiera que trabaje en la recuperación del control de su peso y vida.

Existen muchos libros y cursos sobre meditación, así como el método que personalmente practico. Es el que recomiendo sin reservas ni titubeos a todos ustedes. Sin duda, cambiará su vida como cambió la mía.

Introducido por primera vez en Occidente por Paramahansa Yogananda, autor del libro aclamado por la crítica, *Autobiografía de un Yogui*, el muy barato curso de lecciones en la técnica para estudiar en casa está disponible a través de una organización no religiosa que estableció en 1925, la Sociedad de la Autorrealización. Lo invito a llamar o escribirles hoy mismo a sus oficinas centrales en Los Ángeles: Self-Realization Fellowship, 3880 San Rafael Avenue, Los Ángeles, CA, 90065, (213) 225-2471.

Y ahora es el momento de adelgazar... ¡para siempre!

segunda parte

flaco renacido

levar anclas

Ya se habló suficiente... bueno, casi. Existen algunas instrucciones de último minuto antes de comenzar de verdad. No te preocupes si no comprendes todos los "por qué" y los "por tanto", no espero que lo hagas. Te garantizo que los comprenderás a medida que los días transcurran y que se responda a todas tus preguntas.

Si pasas a la página 104, encontrarás un espacio para poner la imagen del "antes". Pero no te limites a poner una fotografía reciente, sino que toma una nueva. Creeme, esto, como todo lo demás que te pido hacer, es fundamental para tu éxito. Asimismo, por favor cerciórate de tomar la fotografía antes de empezar el programa, no después de haber comenzado. Te darás cuenta de su importancia a medida que avanzas en el programa. Se convertirá en una fuente constante de inspiración.

Después de la página de la imagen del "antes" está la de tu imagen de "después", es decir, la fotografía que te tomarás dentro de cinco semanas. Este es el nuevo tú, ¡la persona que siempre quisiste ser y en la que estás a punto de convertirte!

He dejado algunas páginas en blanco al final del diario en caso de que no hubieras perdido todo el peso en los 35 días (una vez más, el promedio es de siete kilos). No te preocupes, una vez que hayas terminado tus 35 días habrá instrucciones respecto a cómo seguir adelante si aún debes perder algunos kilos más. Deberás tomar una fotografía y agregarla cada 35 días hasta que llegues a tu meta. Y la alcanzarás; ¡ya lo verás!

Ahora, entremos a la sustancia, o debería decir "los huesos", de la dieta: los alimentos que ingerirás.

Si pasas a la lista de dieta (página 113), encontrarás que los 35 días de la misma están enumerados en orden consecutivo, de modo que puedas estar preparado para cada día y comprar las cosas con anticipación. No tendrás problemas para encontrar cualquiera de las frutas. El éxito de mi primer libro, y los millones de personas que aún siguen mi programa original, virtualmente ha hecho que las papayas y los mangos estén disponibles con tanta facilidad como los plátanos. Además de la lista completa, existe un minidiario cotidiano (páginas 124-125). Aquí aparece cada día en su propio cuadro, junto con la comida que tomarás. He dejado un poco de espacio para que hagas algunas notas y agregues cierta información pertinente. Si bien los días de la semana ya están anotados, dejé espacios en blanco para que llenes las fechas.

Como puedes ver, el día uno es un lunes; porque quiero que comiences la dieta en lunes. De hecho, no sólo lo quiero, sino que insisto en que lo hagas. Ya verás que tengo mis razones.

En la esquina superior derecha de cada día, encontrarás un espacio para registrar tu peso. Es correcto: todos los días, pase lo que pase, aun si has sido travieso e hiciste trampa ("hacer trampa" es un término que pronto eliminarás de tu vocabulario... al menos en lo concerniente a tu dieta), te pesarás. Lo primero que quiero que hagas por la mañana es que te subas a esa báscula, de preferencia desnudo o casi, y que escribas los números en el libro. No comas o bebas antes de pesarte. Así obtendremos el peso más preciso, aquel según el cual mediremos tu progreso.

Sé que, para muchos, subir a la báscula será muy difícil. No creerás algunas de las excusas que las personas utilizan para no pesarse. La que más me gusta es, "No tuve tiempo...". Como si tres segundos fueran mucho tiempo. Pero sin importar cuánto lo detestes ahora, antes de que te des cuenta, ese "monstruo metálico", la báscula, se convertirá en tu mejor amigo.

Si no tienes una báscula, consigue una de inmediato porque no puedes comenzar la dieta hasta tenerla. No es preciso que sea muy costosa. Yo prefiero las no digitales. Si no es absolutamente precisa está bien, en tanto sea consistente. Es irrelevante si marca un kilo de menos o de más. Lo importante es el movimiento, es decir, ¡la tendencia descendente!

Ahora regresemos a la lista de dieta (página 113) para que podamos hablar un poco acerca de la propia dieta. Observarás que los alimentos están enumerados en un orden muy específico, que los coloca en la secuencia en que serán ingeridos. No los cambies ni saltes ninguno. Ingiere la cantidad que se especifica. Cuando hablo de un cuarto de kilo, es en serio. ¡No son 100 gramos ni 50, sino 250! Pero no tiene que ser de una sola sentada. Recuerda, no se trata de un plan de tres comidas al día. No estás confinado a un desayuno, una comida y una cena. Podrás comenzar y detenerte tantas veces como quieras, pero no pases al siguiente platillo enumerado hasta que hayas terminado la cantidad requerida del primero.

Como mencioné en la introducción, perderás peso alimentando a tu organismo, no matándolo de hambre. Si en la lista no se indica la cantidad de un alimento, podrás comer tanto como desees del mismo. No hay restricciones. En particular, en el caso de la fruta, cuanto más comas, más peso perderás. Así que come mucho. Tienes permiso para saciarte de verdad.

No me malinterpretes. No estoy diciéndote que te atiborres de comida. Tampoco quiero que pases hambre. Repito, no estás confinado al régimen tradicional de desayuno, almuerzo y cena. Podrás comer con la frecuencia que desees, siempre que te sientas hambriento y en la medida que sigas el plan.

Es muy importante que comas fruta y vegetales frescos. Los alimentos congelados y enlatados sólo son aceptables cuando no los consigas frescos y hayas agotado todos los medios para conseguirlos.

No obstante, la fruta fresca no es, repito, un sustituto de la fruta seca. Eso es importante. Necesitas la nutrición concentrada que obtendrás de las frutas secas que te he indicado ingerir. Una vez más, asegúrate de que las frutas secas no contengan dióxido de azufre ni sorbato de potasio. Lee las etiquetas con cuidado. Quizá debas adquirirlas en una tienda de alimentos naturales o en un gran supermercado que tenga una sección de este tipo. Espero que haya una donde vives. Recuerda, estás alimentando tu cuerpo y eliminando los residuos tóxicos almacenados en tus depósitos de grasa. Si agregas más sustancias químicas simplemente inhibirás el proceso, por ello haz tu mejor esfuerzo por encontrar los alimentos apropiados.

Si no puedes encontrar frutos secos sin azufre en tu área, escribe o llama a mis oficinas generales de ClubSlim, o visita la página en internet de *La nueva dieta de Beverly Hills*, y te diremos cómo recibirlas por correo. La información de contactos aparece al final de libro.

Ahora, es verdad que no estás contando gramos de grasa; sin embargo, es muy importante cómo se procesó el aceite que consumes. Quieres que sea no refinado o prensado en frío, por eso busca esas palabras en la etiqueta. Encontrarás esos aceites en la sección de comida saludable de tu supermercado, y ciertamente en cualquier tienda especializada de alimentos saludables.

Puedes beber toda el agua, café y té (caliente o helado) que quieras, pero no leche, cremas ni edulcorantes artificiales. El azúcar está bien, pero utilízala sólo si es indispensable. Ya sé que dirás, "pero el azúcar es demasiado mala para uno". ¡Los aditivos químicos a la comida, mi amigo, son mucho peores!

Si descubres que no puedes beber el café negro, por favor no renuncies a él; quizá lo extrañes demasiado. Pero tampoco trates de hacer trampa con la leche. Ésta es una proteína e inhibirá la pérdida de peso. (¡Recuerda la regla de la proteína! *Ve el capítulo 5.*) En la mayor parte de los mercados hay algunos productos lácteos de arroz y soya.

La mantequilla auténtica, de preferencia sin sal, no sólo es aceptable, sino la único que puedes tomar. A menos que el médico haya insistido al respecto, en lo absoluto se te permite la margarina o esa basura de mantequilla "sin mantequilla" o mantequilla *light*.

Un "no" más: no bebidas de dieta y, al igual que la leche, si quieres perder peso, no trates de hacer trampa. Están repletas de sodio y sustancias químicas. Si renunciar a ellas te volverá loco, se te permitirá un refresco completo ocasional. Pero cuando digo "ocasional", me refiero a no más de uno cada dos o tres días. Y no hagas trampa, no trates de deslizar las cosas adicionales; sólo te lastimarás a ti mismo.

La media noche no es el inicio de un nuevo día. El día termina cuando te vas a la cama por la noche; y el nuevo día comienza cuando te levantas por la mañana. Si te levantas hambriento a mitad de la noche, toma más de lo último que ingeriste antes de irte a la cama.

EL DIARIO COTIDIANO

Ahora hablemos del propio diario. Observarás que está dividido en capítulos diarios en "flaco renacido día por día". Lee cada capítulo en orden, un día a la vez. Es muy importante comenzar el día con el impulso de apoyo del diario, por eso trata de leerlo a primera hora de la mañana, no en algún rato libre durante el día. Leerlo justo antes de irte a dormir en la noche también es buena idea.

Leer el capítulo cotidiano del diario no requerirá más de diez minutos. Sin embargo, el apoyo y la información proporcionados en ese lapso son cruciales para el éxito definitivo, ya que no sólo recibirás tu lección en mi técnica, sino que también te dará sugerencias y señales respecto a las comidas que ingerirás. Igual de importante, si no más, será el alimento para el alma que te proporcionaré, la nutrición que te inspirará y alentará a aferrarte a tu dieta, y a cambiar tu forma de pensar. Recuerda, mi programa es tanto una filosofía (una forma de pensar) como una metodología (una forma de comer).

Por tanto, lee tus capítulos diarios a primera hora de la mañana, y así como no dejarías una novela o leerías el final primero, no leas los días con anticipación. Deténte al final de cada día: esto es vital para el éxito. Confía en mí, quiero que esto funcione para ti... y así será. Creeme, sé que es lo mejor para ti. Me ha tomado años desarrollar este programa. Mis enseñanzas han sido probadas y comprobadas, y sé exactamente qué tanto de las mismas puedes digerir de una sola vez. Sólo quiero que adelgaces, y lo lograrás... si lo haces como yo digo.

Por supuesto, puedes releer los capítulos diarios con la frecuencia que quieras. De hecho, te invito a hacerlo. Esto también se aplica a cualquiera de los otros capítulos diarios que ya hayas leído. Están llenos de una gran cantidad de información e inspiración, no toda la cual captarás la primera vez. El diario es tu boleto de entrada al mundo de la delgadez eterna.

Bien, ahora es el momento de comenzar de verdad.

Quiero que te pongas de pie frente a un espejo de cuerpo entero, o uno que refleje tanto de tu cuerpo como sea posible. Lleva contigo tu libro, lo necesitarás. ¿Estás allí? Muy bien, ahora pon las manos en los huesos de la cadera, o donde crees que deberían estar. Pero para quienes no pueden verlos o sentirlos aún, confíen en mí: pronto lo harán.

Ahora repita después de mí:

"Solía estar gordo. ¡Ya no lo estoy, y nunca lo estaré de nuevo!"

¡Buena suerte, flaco! ¡Sé que tú serás mi mejor ejemplo!

el diario

del flaco renacido

FOTOGRAFÍA DE ANTES

¡El gordo que dentro de poco ya no seré!

FOTOGRAFÍA DE DESPUÉS

¡El nuevo flaco que soy!

Lo que detesto de estar gordo

1. ______________________________
2. ______________________________
3. ______________________________
4. ______________________________
5. ______________________________
6. ______________________________
7. ______________________________
8. ______________________________
9. ______________________________
10. ______________________________

¿QUÉ TIENE DE FANTÁSTICO ESTAR DELGADO?

1. ______________________________

2. ______________________________

3. ______________________________

4. ______________________________

5. ______________________________

6. ______________________________

7. ______________________________

8. ______________________________

9. ______________________________

10. ______________________________

Hoja de reconstrucción

Reglas de la mente por encima de la materia

1. Piensa en la comida cuando no es importante, de modo que no tengas que pensar en la comida cuando sí es importante.
2. Haz que cada bocado cuente: por cada bocado que entra a tu boca, otra cosa se quedará afuera.
3. Lo que decides comer determina lo que tienes que comer.
4. No es cuánto puedas comer en un lapso breve, sino cuánto tiempo puedes hacer que dure el gusto.
5. Si no lo tienes ahora, podrás tenerlo después. Si no lo tienes después, podrás tenerlo mañana. Nada abandonará este planeta.

Reglas de oro

1. Pésate todos los días, sin que nada más importe.
2. Fruta. Comienza casi todos los días de tu vida con fruta. Una vez que hayas terminado la fruta en el transcurso del día, no vuelvas a comerla más.

   Recuerda, la fruta se digiere casi al instante. Antes de que siquiera puedas terminar de comer una piña, el organismo ya está absorbiendo sus nutrientes. Si la comes después de cualquier otra cosa, queda atrapada en el estómago con los demás alimentos. Su explosiva acción enzimática se transformará en hinchazón y gases. Tu salvador se transformará en tu tormento.
3. Tiempo de espera. Cuando pasas de una fruta a otra, espera una hora. Cuando lo haces de un grupo de alimentos a otro, espera un mínimo de dos horas (sería mejor tres).

   Éstos son los tiempos mínimos de espera, los lapsos más breves que puedes esperar sin correr el riesgo de engordar. Recuerda, ganas peso porque la comida no se procesa de manera adecuada. En términos sencillos, si la comida no sale de tu estómago cuando debería, si se queda atrapada o retenida con otros alimentos antagonistas, los nutrientes que debería generar no serían procesados de manera adecuada por el organismo, y ganarás peso.
4. Proteínas. Una vez que hayas ingerido proteínas, come al menos un 80 por ciento de ellas el resto del día.

Modificar el plan

Seguir el programa al pie de la letra es fundamental para alcanzar la pérdida máxima de peso. Podrás esperar una pérdida de cuatro kilos y medio a siete kilos en los 35 días. A diferencia de una dieta típica, este programa elimina peso sin matar de hambre al organismo, sino alimentándolo. La comida lo hará y te conservará delgado. Es vital comer los alimentos específicos en el orden enumerado, por ello, por favor no te desvíes. Existen algunas sustituciones permisibles enumeradas en la lista de alimentos sustitutos (página 115), sólo en caso de que seas alérgico a una comida específica o haya algo en la dieta que de verdad detestes. Sin embargo, como cada alimento tiene un propósito definido, sustitúyelo sólo si es indispensable.

Si sólo debes perder algunos kilos, o si tratas de mantener tu peso, quizá desees modificar el plan. Es fácil: simplemente comienza el día con la comida programada, come hasta quedar satisfecho, espera dos horas y luego come lo que acostumbras. Esto no significa atiborrarse o volverse loco; pero tampoco te mates de hambre. Si quieres seguir mi plan dos terceras partes del día y luego lo que quieras, está bien. Incluso de repente un día completo ocasional como propongo es fantástico. Sólo sigue el programa en el orden diario adecuado. Por supuesto, perderás más rápido la mayor parte de tu peso si sigues la dieta al pie de la letra.

Incluso si modificas el plan, es importante pesarte todos los días y leer el capítulo diario, porque explicará aún más mi técnica así como la forma de aplicarla a tu estilo de vida y a tus alimentos favoritos. No pasará mucho tiempo antes de que te descubras haciendo las cosas a mi modo, la combinación consciente, que se convertirá también en tu modo.

Si tienes que perder mucho peso, podrás seguir el plan modificado, pero no lo recomiendo. Esos 35 días iniciales será lo mejor que te pudiera ocurrir. Podrías pensar que no puedes hacerlo, pero sí puedes. Luego, una vez más, tú serás el mejor juez de ti mismo. Pero si debes modificarlo, hazlo. Es mejor que no hacer nada.

Ahora dame la mano y te guiaré para salir del valle de la sombra de la obesidad, y juntos llegaremos a la tierra de los huesitos en la cadera.

Lista de dieta

DÍA 1	Piña; elotes y ensalada de lechuga, tomate y cebolla, con aderezo Mazel.*
DÍA 2	Ciruelas pasa (un cuarto de kilo); fresas; papas horneadas.
DÍA 3	Uvas.
DÍA 4	Chabacanos secos (un cuarto de kilo); miniensalada Mazel;* pasta.
DÍA 5	Piña; papaya; piña.
DÍA 6	Papaya; filete o chuletas de cordero ... y camarones en cualquier estilo.
DÍA 7	Piña; ensalada Mazel.*
DÍA 8	Uvas; (pasas o palomitas opcionales).
DÍA 9	Ciruelas pasa (un cuarto de kilo); fresas; pollo o pavo.
DÍA 10	Chabacanos secos (un cuarto de kilo); papaya; piña.
DÍA 11	Sandía.
DÍA 12	Chabacanos secos (un cuarto de kilo); emparedado de aguacate; arroz con tres vegetales de su elección
DÍA 13	Uvas; dos plátanos.
DÍA 14	Piña; fresas; abierto con discreción.**
DÍA 15	Piña; ensalada Mazel.*
DÍA 16	Chabacanos secos (un cuarto de kilo); papaya; piña.
DÍA 17	Sandía.
DÍA 18	Higos; postre de su elección; carnes o proteínas.

DÍA 19 Mango o papaya; piña; alcachofas, espárragos o papas en cualquier estilo.

DÍA 20 Kiwi; abierto con discreción;** proteínas.

DÍA 21 Piña; dos plátanos.

DÍA 22 Uvas o cerezas; agasajo especial a la hora de ir a la cama.

DÍA 23 Ciruelas pasa (un cuarto de kilo); emparedado de su elección; plato de pescador o proteínas..

DÍA 24 Piña; papaya; piña.

DÍA 25 Sandía.

DÍA 26 Lo que tú quieras.***

DÍA 27 Lo que tú quieras.***

DÍA 28 Piña; papaya; piña.

DÍA 29 Sandía o uvas.

DÍA 30 Ciruelas pasa (un cuarto de kilo); emparedado de vegetales; vegetales étnicos o carbohidratos abiertos.

DÍA 31 Jugo de naranja y una elección de melón chino, melón o media toronja; emparedado de tu elección; proteínas.

DÍA 32 Proteínas.

DÍA 33 Piña; dos plátanos.

DÍA 34 Piña; papaya; piña.

DÍA 35 Sandía o uvas.

* Las recetas aparecen en las páginas 133-134, 147-149 y 161.

** "Abierto con discreción" se explicará a cabalidad el día 14. No lo leas con anticipación. Espera: recibirás una agradable sorpresa.

*** Espera hasta el día 26 para descubrir qué significa "Lo que tú quieras". Confía en mí, te divertirás.

LISTA DE ALIMENTOS SUSTITUTOS

Fruta en el programa	Fruta sustituta
Fresas	Piña, kiwi
Kiwi	Mango, papaya, caqui o manzanas (último recurso)
Higos o dátiles	Ciruelas, pasas
Papaya	Mango, kiwi, caqui
Mango	Papaya, kiwi, caqui
Piña	Fresas
Ciruelas	Higos
Sandía*	250 gramos de chabacanos secos (en la mañana) Piña (al medio día) Espárragos frescos (por la noche)
Uvas*	170 gramos de ciruelas pasa (mañana) Fresas, moras o pasas (al medio día) Un cuarto de kilo de nueces de Brasil crudas (por la noche).

* Los sustitutos no tienen comparación con lo verdadero. Sustituye la sandía o las uvas sólo si es indispensable.

Medidas drásticas
después de un desastre dramático

Perdiste el control, rompiste la dieta y comiste todo lo que estaba a la vista...

Si subiste menos de dos kilos y medio, simplemente come fruta durante dos tercios de un día (*ver contrapartes correctivas*, página 117) y una comida combinada de manera adecuada por la noche. La comida debe ser totalmente de proteínas o totalmente de carbohidratos, lo que tú elijas. O bien sigue la dieta de los días 1, 2, 6 o 14, y luego reanuda la dieta donde la dejaste.

Si ganaste dos kilos y medio o más, sigue los siguientes días de recuperación durante uno a cuatro días, en el orden preciso, pero nunca más de una vez al mes.

Día 1.	Piña; papaya; piña
Día 2.	Sandía
Día 3.	Ciruelas pasa; fresas; papa al horno, espinaca cocinada con aceite
Día 4.	Uvas

Nunca deberás necesitar más de cuatro días para recuperarte de la peor de las indiscreciones alimenticias.

CONTRAPARTES CORRECTIVAS

Los antídotos y los precedentes se utilizan para compensar los efectos colaterales negativos de ingerir alimentos cuya digestión es difícil. Los precedentes son alimentos que se comen en el desayuno del día que sabes que ingerirás los tipos de comidas enumerados. Los antídotos son alimentos que se toman en el desayuno del día siguiente al del exceso.

Antes de comer	Precedente
Grasoso, cremoso, con queso	Piña o fresas
Salado	Chabacanos secos

Después de comer	Antídoto
Grasoso, cremoso, con queso	Quémelo con piña o fresas
Proteína	Suavice y digiera con papaya o mango (éste es mejor después del pollo, la papaya después de la carne)
Dulces	Enjuague con uvas
Salado	Lave con melón o limpie con carne*

* Esto es muy personal. Sólo tú y tu báscula sabrán qué funciona mejor para ti. Si la sandía no funciona la primera vez que experimentas una hinchazón excesiva después de una comida salada (es decir, si no haces que la báscula disminuya al día siguiente), entonces haz el día siguiente de pura proteína. Eso lo logrará. Si te hinchas después de una comida salada, sabrás que la proteína es tu antídoto.

Grupos alimenticios

Proteínas			
Carne de res	*Kefir*	Puerco	Postres:
Queso	Cordero	Mariscos	Pastel de queso
Huevos	Leche	Semillas	Cajeta
Pescado	Frutos secos	Yogur	Crème brûlée
Aves	Mantequillas de nueces		Crema de caramelo
			Flan
			Helado

Grasas		
Mantequilla	Mayonesa	Crema agria
Crema espesa	Aceite	Crema batida

Carbohidratos			
Frutas	Mini-carbohidratos	Carbohidratos medios	Maxi-carbohidratos
(una categoría diferente de carbohidratos)	Espárragos	Betabeles	Alcachofas
	Apios	Brócoli	Cebada
	Calabaza china	Col de Bruselas	Pan
Todas las frutas	Hierbas	Repollo	Alforfón
Brandy	Col rizada	Zanahoria	Trigo quebrado
Champaña	Lechuga	Coliflor	Pasteles
Coñac	Hongos	Pepinos	(blanco, bizcocho, de chocolate, de zanahoria)
Vino	Brotes de mostaza	Berenjena	

Carbohidratos (cont.)

Perejil
Calabacines

Puerro
Cebolla
Chirivía
Chícharos
Chile y pimiento
Rábano
Chalota
Ejotes
Jitomate
Nabo

Chocolate
Galletas
Maíz
Harina de maíz
Couscous
Crema de trigo
Harina de yuca
Granos
Mijo
Harina de avena
Avena
Pasta

50/50 y/o

Aguacate
Garbanzo
Frijoles
Lentejas
Habas
Cacahuates
Frijol pinto
Soya

Pasta de hojaldre
Papas
Arroz
Centeno
Trigo
Chilacayote
Alcohol:
Cerveza
Todos los licores destilados:
Whisky *bourbon*, ron, whisky escocés, tequila, vodka, etcétera

Los siguientes son algunos ejemplos de comidas perfectamente combinadas para saciar tu apetito. Utiliza tu imaginación y auméntalas.

COMIDAS DE PURA PROTEÍNA

Tocino, huevos y salchicha.
Hamburguesas y huevos.
Filete con huevos.
Omelet de hígado de pollo.
Plato de carnes frías.
Plato de carnes frías (cucharadas de ensalada de pollo, ensalada de atún, ensalada de huevo, hígado picado, ensalada de pescado, etcétera).
Coctel de camarones, langosta, mantequilla.
Carpaccio, chuletas de cordero, pastel de queso.
Mar y tierra (filete con langosta).
Ostiones, chuletas de cordero, helado.
Calamares fritos, salchicha italiana, pastel tiramisú.

Comidas de carbohidratos

Bagels, tomate, cebolla, crema agria.
Emparedado de lechuga, jitomate y cebolla con papas fritas.
Salsa, papas fritas, cerveza.
Sopa de cebolla (sin queso), pan francés, ensalada.
Tempura de vegetales, arroz, ensalada suinomo.
Verduras y papas al horno.
Emparedado de aguacate, jitomate y cebolla.
Elotes, papa al horno y ensalada.
Pasta con jitomate y albahaca, pan de ajo y galletas de amareto.

Suplementos

Nunca he defendido los suplementos dietéticos, pero existen algunos que considero importantes.

Salvado

Toma dos cucharadas de hojuelas de salvado sin procesar a primera hora de la mañana, mezcladas en una pequeña cantidad de una bebida caliente; la mejor es el agua. Espera 20 minutos antes de probar cualquier otra cosa. El salvado es la mejor escoba intestinal, pero sólo trabajará con eficacia en un estómago vacío. Si te atascas detrás de otros alimentos, es muy probable que te hinches.

Levadura nutricional (levadura de cerveza)

Los antibióticos, el café, el chocolate o cualquier alimento que contenga cafeína, además de la tensión emocional, agotan la ración de vitaminas del complejo B en el organismo. No existe una forma más eficaz de recuperarlas que con levadura de cerveza. A las cuatro de la tarde de cada día, toma de una a dos cucharadas de hojuelas de levadura de cerveza mezcladas en una pequeña cantidad de agua para darles la consistencia de mantequilla de cacahuate. No tomes nada 30 minutos antes o después de ingerir la levadura.

Semillas de ajonjolí

Las semillas de ajonjolí son la fuente de calcio natural digerible más rica que existe en el planeta. Todo ese calcio concentrado no sólo será bueno para los huesos (de especial importancia para que las mujeres prevengan la osteoporosis, sino que te ayudará a dormir mejor al relajar el sistema nervioso. Las semillas de ajonjolí también proporcionan fibra adicional, así como lecitina y tres ácidos grasos esenciales que sólo es posible tomar de la comida. A la hora de acostarte, toma dos cucharadas de semillas de ajonjolí en crudo sin cáscara.

Para las mujeres es aconsejable un suplemento adicional de calcio. Tu médico será la mejor guía para elegir alguno.

VITAMINAS

También recomiendo 1,000 miligramos de vitamina C natural con bioflavonoides todos los días, así como un multivitamínico natural de alto grado de una sola ingesta al día. Si lo crees necesario, podrás agregar a tu plan diario un suplemento de minerales múltiples de una toma al día.

ALGAS VERDEAZULES

Si bien existen productos similares, como las algas espirulina y colorela, no creo que se comparen con el enorme paquete nutricional de las algas verdeazules. Cosechadas de manera natural de un lago en Oregon, secadas y congeladas, estoy firmemente convencida de que estas tabletas de algas están tan repletas de nutrientes naturales que en realidad podrían sostener la vida si no estuviera disponible la comida más convencional. Por desgracia, este producto no se encuentra en las tiendas al menudeo. Me encantaría ponerte en contacto con la fuente si me envías un par de líneas a mis oficinas centrales de ClubSlim o a mi página de internet. La información de contactos aparece al final de este libro.

Para recomendaciones de un suplemento nutricional adicional, consulta a tu médico.

Minidiario cotidiano

	Lunes	Martes	Miércoles
Semana 1	Día 1 Fecha: ___ Peso: ___ Piña; elotes y ensalada de lechuga, tomate y cebolla con aderezo Mazel	Día 2 Fecha: ___ Peso: ___ Ciruelas pasa (un cuarto de kilo); fresas; papas horneadas	Día 3 Fecha: ___ Peso: ___ Uvas
Semana 2	Día 8 Fecha: ___ Peso: ___ Uvas; pasas o palomitas opcionales	Día 9 Fecha: ___ Peso: ___ Ciruelas pasa (un cuarto de kilo); fresas; pollo o pavo	Día 10 Fecha: ___ Peso: ___ Chabacanos secos (un cuarto de kilo); papaya; piña
Semana 3	Día 15 Fecha: ___ Peso: ___ Piña; ensalada Mazel	Día 16 Fecha: ___ Peso: ___ Chabacanos secos (un cuarto de kilo); papaya; piña	Día 17 Fecha: ___ Peso: ___ Sandía
Semana 4	Día 22 Fecha: ___ Peso: ___ Uvas o cerezas; agasajo especial a la hora de ir a la cama	Día 23 Fecha: ___ Peso: ___ Ciruelas pasa (un cuarto de kilo); emparedado de tu elección; plato de pescador o proteínas	Día 24 Fecha: ___ Peso: ___ Piña; papaya; piña
Semana 5	Día 29 Fecha: ___ Peso: ___ Sandía o uvas	Día 30 Fecha: ___ Peso: ___ Ciruelas pasa (un cuarto de kilo); emparedado de vegetales; vegetales étnicos o carbohidratos abiertos	Día 31 Fecha: ___ Peso: ___ Jugo de naranja y una elección de melón chino, melón o media toronja; emparedado de tu elección, proteínas

Jueves	Viernes	Sábado	Domingo
Día 4	Día 5	Día 6	Día 7
Fecha: ___ Peso: ___ Chabacanos secos (un cuarto de kilo); miniensalada Mazel; pasta	Fecha: ___ Peso: ___ Piña; papaya; piña	Fecha: ___ Peso: ___ Papaya; filete o chuletas de cordero y camarones en cualquier estilo	Fecha: ___ Peso: ___ Piña; ensalada Mazel
Día 11	Día 12	Día 13	Día 14
Fecha: ___ Peso: ___ Sandía	Fecha: ___ Peso: ___ Chabacanos secos (un cuarto de kilo); emparedado de aguacate; arroz con tres vegetales de tu elección	Fecha: ___ Peso: ___ Uvas; dos plátanos	Fecha: ___ Peso: ___ Piña; fresas; abierto con discreción
Día 18	Día 19	Día 20	Día 21
Fecha: ___ Peso: ___ Higos; postre de tu elección; carnes o proteínas	Fecha: ___ Peso: ___ Mango o papaya; piña; alcachofas, espárragos o papas en cualquier estilo	Fecha: ___ Peso: ___ Kiwi, abierto con discreción; proteínas	Fecha: ___ Peso: ___ Piña; dos plátanos
Día 25	Día 26	Día 27	Día 28
Fecha: ___ Peso: ___ Sandía	Fecha: ___ Peso: ___ Lo que tú quieras	Fecha: ___ Peso: ___ Lo que tú quieras	Fecha: ___ Peso: ___ Piña; papaya; piña
Día 32	Día 33	Día 34	Día 35
Fecha: ___ Peso: ___ Proteínas	Fecha: ___ Peso: ___ Piña; dos plátanos	Fecha: ___ Peso: ___ Piña; papaya; piña	Fecha: ___ Peso: ___ Sandía o uvas

flaco renacido de nuevo

día por día

día 1

PIÑA
ELOTE
ENSALADA DE LECHUGA, JITOMATE Y CEBOLLA CON ADEREZO MAZEL

Bueno, ya lo hiciste. De verdad ya comenzaste. Se trata de tu primer día, vaya día. Elotes para cenar... ¿Quién había pensado en tomar un elote en una dieta, por no hablar del primer día de la misma? Te dije que sería divertido.

Antes de avanzar más, hablemos de la sal. La mantequilla en el elote está bien, pero debe ser sin sal, y por favor, no pongas sal al maíz ni al agua en la que lo hierves. Ya sé que te encanta la sal. No te preocupes, no tendrás que evitarla por siempre. No obstante, en este momento necesitas liberarte de ella tanto como te sea posible para acelerar tu pérdida de peso. Los altos niveles de potasio en todas las frutas que comerás durante las próximas semanas también te ayudarán a contrarrestar el agua excesiva que estás reteniendo, una consecuencia de tu antigua ingesta de sal.

¿Cuánto puedes comer? ¿Cuántos elotes? ¿Cuánta mantequilla? Permite que tu conciencia sea tu guía. Si te encuentras excediéndote y comiendo demasiado, recuerda por qué estás en esto. Si tratas de perder peso, no pretendas engañar al sistema. Confía en mí, todos tenemos el mismo problema. No estás solo. Todos los "comedores" hacemos lo mismo: tratamos de ver cuánto podemos conseguir... ¡yo incluida! Por eso desarrollé este programa. Quería librarme de la pena de muerte, pero sin pasar el resto de mi vida en la cárcel. Ya no quería estar gorda. Tuve éxito y tú también lo tendrás.

De regreso a las cantidades... La mayoría come de dos a tres elotes, con un par de porciones de mantequilla (aproximadamente una cucharada en total). Si extrañas el sabor salado y quieres agregar un poco de vida, espolvorea pimienta negra o chile piquín. Eso te levantará. Y no te olvides de masticar. Muchos se quejan de tener dificultades para digerir el maíz, pero sólo se debe a que no lo mastican. Como lo expliqué antes, masticar es muy importante. Para empezar, en el estómago no hay dientes, así que si la comida no está suficientemente dividida antes de que llegue al estómago, hará más lento el proceso digestivo, provocando una digestión ineficiente, algo que se desea evitar a cualquier costo. Recuerda, la digestión ineficiente es una de las principales razones por las que ahora estás excedido de peso.

La otra razón por la que es importante masticar bien es que la primera enzima para digerir los carbohidratos, la tialina, se activa en la saliva al masticar. Pero si no lo haces, no activará la enzima, y el carbohidrato (el elote, las papas al horno con mantequilla que tendrás mañana por la noche, los vegetales fritos y el arroz que tomarás dentro de algunos días) no será digerido de manera adecuada.

Recuerda, una enzima es un catalizador biológico que convierte los alimentos en nutrientes o, como se les llama en términos técnicos, aminoácidos, glucosa y lípidos.

Junto con el maíz esta noche hay una ensalada de lechuga, jitomate y cebolla con aderezo Mazel. Encontrarás las recetas de ambos al final de la información correspondiente a este día. Esta ensalada es mi favorita. Me encanta el sabor y siempre me siento muy bien después de comerla. Es importante utilizar lechuga *iceberg*, como lo especifico en la receta. Esto, así como todos los demás alimentos que le indico, está allí por una razón, ya sea de tipo emocional (ya sabe, esos alimentos divertidos que uno toma para sentirse bien en lo emocional) o nutricional (para que el organismo se sienta bien). En este caso, es por razones nutricionales.

Estamos alimentando tu cuerpo con un equilibrio mineral muy especial creado por la combinación de la ensalada de lechuga, jitomate y cebolla.

Podrás tomar tanta ensalada como desees, que también es de carbohidratos, por ello no olvides masticarla y no la engullas. Si descubres que estás comiendo demasiado rápido, sólo sigue recordando que no es cuánto puedas comer en un lapso breve, sino cuánto tiempo puedes hacer que dure el gusto.

No me preocupa la cantidad de aceite que utilices, en tanto sea no refinado o prensado en frío. Si utilizas aceite de oliva, deberá ser virgen. Si utilizas buen aceite, puede ser sano y adelgazador; de lo contrario, será dañino y te hará engordar.

Ahora que hemos cubierto la cena, hablemos de la primera parte del día. ¿Recuerdas lo inflexible que fui para que comenzaras esta dieta en lunes? Bueno, es porque las dietas siempre se comienzan los lunes. Bueno, hoy es lunes y estás comenzando una dieta, pero no es una más y ciertamente no es triste. Se trata de un lunes soleado, lleno de esperanzas y promesas, la promesa de una delgadez eterna porque al final habrás descubierto la respuesta: la cura a la obesidad. Con mi ayuda, adelgazarás y permanecerás así, y nunca más tendrás que comenzar la semana con otra dieta. Te lo prometo, haz lo que te diga y esta será la última dieta que debas seguir.

De manera apropiada, comenzarás el programa con la fruta que se ha vuelto sinónimo de *La dieta de Beverly Hills,* la piña dorada, mi marca personal, dulce y exquisita, con todas sus poderosas enzimas para quemar la grasa. Desde que comiences a comer hoy hasta dos horas antes de la cena, quiero que comas piña, en grandes cantidades.

Como no se trata de un programa de tres comidas al día, no estás confinado al desayuno, almuerzo y cena. Con la piña, al igual que con toda la fruta que tomarás durante las próximas semanas en las que no se especifica la cantidad, podrás comer tanto como quieras y con la frecuencia que lo desees. Cuanto más comas, más perderás. La fruta es el catalizador que acelera la pérdida de peso.

Pero no me malinterpretes, no quiero que te atiborres, sino que te sientas satisfecho (no quiero oír: "tengo hambre...".) No hay razón para que tengas hambre; quizá aburrimiento, pero no hambre. ¡Así que come, come y come más!

¿Cuánta piña deberías comer hoy? Por lo menos de una a dos piezas completas. Pero puedes tomar más si lo deseas. Pero no olvides que debes esperar dos horas desde la última mordida de piña hasta el primer bocado de maíz y ensalada. Recuerda la regla de esperar dos horas de un grupo alimenticio a otro. Quizá desees revisar las reglas antes de comenzar. De hecho, te sugeriría hacerlo periódicamente hasta que te las aprendas de memoria.

Por lo tanto, planea en consecuencia y asegúrate de dejar de comer piña al menos dos horas antes de comenzar la cena. Como el tiempo de espera es fundamental para el éxito de este programa, no lo escatimes, ni siquiera cinco minutos, si de verdad quieres que este programa funcione. Verás que los kilos comienzan a desaparecer. Y cuando esta regla de espera se vuelva tan importante como las demás que rigen tu vida, esos kilos quedarán fuera para siempre.

Hablando de kilos, te pesaste hoy, ¿cierto? Si no lo hiciste, mejor ve a la báscula ahora mismo. No puedo acentuar lo suficiente cuán importante es esto. Y asegúrate de anotar su peso en el lugar apropiado de tu diario de dietas. Después haz una última cosa: quiero que digas tu peso en voz alta. Decírselo a otra persona es mejor, pero también es bueno decirlo en voz alta, fuera del alcance auditivo de otros. Haz una práctica diaria. Confía en mí, perder peso requiere mucho más que simplemente ponerse a dieta. Te volverás una persona delgada al confrontar, reconocer y salir de la persona gorda. Confronta tu peso al pesarte, lo reconoces al anotarlo y lo dejas ir cuando lo dices en voz alta. Sé que todo esto suena ridículo, pero es verdad. Quienes siguieron mi programa y rehusaron a pesarse perdieron mucho menos peso que quienes lo hicieron, e invariablemente recuperaron lo que habían perdido.

Pero puedes estar seguro de que esto no te ocurrirá, porque no lo permitiré. Esta vez, no sólo perderás peso, sino que por fin llegarás a tu meta, a tu peso ideal, sea cual sea. Y no estará determinado por ninguna gráfica o estadística, y ciertamente tampoco lo determinaré yo. Sólo tú sabes cómo quieres verte y los números que quieres ver en la báscula que te digan: "Estás perfecto".

A propósito, perfecto no necesariamente significa ultradelgado. Es lo que consideres adecuado para ti mismo, cuando puedas decir con honestidad: "Ya no tengo que perder ni un kilo más y realmente me siento bien acerca de eso y de mí mismo". No quiero que subas a la báscula y digas: "Si tan sólo..." o "Pero...". No te permitiré detener el proceso de perder peso mientras aún digas: "Bueno, estoy bien, pero estaría mucho mejor si...", o "De verdad necesito perder dos kilos más...", o "Me veo bien, pero me vería mejor si perdiera otro kilo".

Lograr la perfección, ser capaz de pararse sobre esa báscula y decir "fantástico" sin un "si tan sólo" o un "pero", te impedirá recuperar los kilos que pierdas. La satisfacción que experimentarás al lograr este estado te asegurará que nunca engordarás de nuevo.

Este estado de perfección llegará pronto para algunos, en tanto que para otros parece estar a una eternidad de distancia. No obstante cuánto debas perder o lo lejos que estés de tu meta, esta vez la alcanzarás porque yo te ayudaré. Estoy allí junto a ti, sin importar el tiempo que se requiera. Y sólo piensa, al final del día, que estás un día más cerca de esa meta. Mañana tu báscula lo confirmará. Si sigues el programa de hoy, mañana quizá peses menos que hoy.

Entonces, se bueno y sólo recuerda que cuento con que serás mi mejor ejemplo.

ENSALADA DE LECHUGA, JITOMATE Y CEBOLLA

1 lechuga grande, de cabeza firme
4 jitomates
1 cebolla morada o española, pelada
1 o 2 pepinos, pelados
Aderezo Mazel o aceite de oliva

Con un cuchillo afilado, corta todos los vegetales en trozos de buen tamaño. Mezcla con aderezo o aceite.

Rinde 2 porciones

ADEREZO MAZEL

1/4 de taza de vinagre de arroz
1 taza de aceite de ajonjolí
Ajo picado,* para dar sabor (uno a dos dientes pequeños)
Jengibre picado o rallado,* para dar sabor
Pimienta fresca molida

Combina todos los ingredientes.

RINDE 1 taza y cuarto

* El ajo y el jengibre difieren en intensidad de un diente a otro y de una cabeza a otra. Si se les permite macerar en el aderezo, su sabor se intensificará. Por tanto, dependiendo de cuándo hagas el aderezo, o la potencia del ajo y el jengibre y, por supuesto; del gusto personal, las cantidades podrán diferir. Comienza con un diente de ajo y seis o siete ralladuras de jengibre, y aumenta hasta tres veces esa cantidad si lo deseas.

día 2

CIRUELAS PASA
FRESAS
PAPAS AL HORNO

No sé por qué las ciruelas pasa tienen tan mala reputación. Las personas siempre sonríen con la mera mención de ellas. Es ridículo. No sólo son deliciosas, también tienen una enorme cantidad de valores nutricional. De hecho, muy pocas comidas proporcionan a tu cuerpo tanto hierro y potasio.

El hierro es el mineral que ayuda a crear glóbulos rojos y desencadena las enzimas que necesitan los huesos, el cerebro y los músculos. Entre otras cosas, el potasio regula el equilibrio electrolítico de las células de modo que no retengas exceso de líquidos y te hinches; además de mantener sano tu corazón.

Puedes comer ciruelas pasa con o sin semilla, aunque obtendrás más ciruelas pasa por un cuarto de kilo si tienen semillas. Simplemente asegúrate de que no se les haya agregado bióxido de azufre ni sorbato de potasio (lee con cuidado el contenido de la etiqueta). Si compraste las ciruelas pasa en una tienda de alimentos naturales, es muy probable que su empaque diga: "Sin bióxido de azufre" en letras grandes.

Hablando de conservadores, examinemos la dieta estadunidense. Si bien la obesidad existe en Europa, no vemos tanta como la que se observa en Estados Unidos. De hecho, la mayoría de mis clientes internacionales se quejan a menudo del peso que ganan cuando llegan a ese país, a pesar de que sus hábitos alimenticios no cambian. Eso se debe a que los alimentos de la dieta estadunidense están sobrecargados con conservadores y sustancias químicas. No dudo que los conservadores y las sustancias químicas son responsables en parte de que el 80 por ciento de la población estadunidense padezca de exceso de peso. La mayor parte de los conservadores se basan en el sodio. Esto proporciona sal adicional e innecesaria al organismo, que en consecuencia retiene líquidos y kilos adicionales. Asimismo, los conservadores no pueden convertirse en nutrientes, que son lo único que nuestros organismos pueden digerir adecuadamente, y todo lo que no pueda digerirse adecuadamente te hará engordar.

Encontrarás que un cuarto de kilo de ciruelas pasa son muchas unidades, demasiadas para terminártelas de una sola sentada. Son muy fáciles de masticar, pero si quieres descubrir su sabor mágico, no sólo las tragues, saboréalas. Podrás comerlas directamente de la bolsa, o bien remojarlas un poco en agua. Si las cocinas, bebe el agua en la que las cocinaste. Si parecen un poco secas y son difíciles de masticar, cúbrelas con agua tibia de 30 a 60 minutos y enjuágalas. Una vez más, bebe el agua para aprovechar a plenitud el valor nutricional.

Como mencioné, no espero que comas los 250 gramos de ciruelas pasa de una sentada; podrás detenerte y comenzar a comerlas con la frecuencia que desees, dondequiera, aun en tu auto de camino al trabajo.

Te dije que no habría modificaciones de conducta. Nunca insistiré en que te sientes a la mesa y comas; de hecho, la mesa es el último lugar que prefiero para comer. Me encanta comer mientras conduzco, cuando estoy en la cocina frente a los anaqueles, en la cama o en mi escritorio mientras hablo por teléfono: en cualquier lugar menos la mesa. Nunca podría seguir algún tipo de programa alimenticio que impusiera ese tipo de restricción. Como me encanta picar la comida, el programa alimenticio de hoy (al igual que casi todos los días de este programa) es un paraíso para quienes les encanta hacer lo mismo.

Recuerda, no comiences a comer tus fresas hasta no haber terminado la última ciruela pasa y haber tomado tu pausa de una hora. Como siempre, asegúrate de observar la regla de espera: cuando pases de una fruta a la siguiente, recuerda esperar una hora.

Cuando estoy en un día de ciruelas pasa y fresas (y créanme, no pasé de 81 a 49 kilos sin días de ciruelas y fresas), como por lo menos tres canastas de fresas. Incluso puedo tomarme algunas cubiertas verdes. Contienen clorofila, que ayuda a absorber la grasa que las enzimas de las fresas están quemando.

A propósito, la enzima de las fresas es la bromelina, la misma que de la piña. Interactúa con y activa el ácido clorhídrico del estómago. Sin embargo, su acción es un poco más suave (no menos eficaz, sino que no tan intensa). Pero, no supongas de inmediato que, como no es tan fuerte, no funcionará tan bien y decidas cambiar tus fresas por piña. Creeme, conozco los trucos, los he hecho todos por mi cuenta. Confía en mí, nada de lo que hagas por ti mismo será más eficaz que cuando te digo que lo hagas; es preciso comer todas las frutas que te indico, en el orden que te digo, a menos que, por supuesto, seas alérgico a ellas o de verdad, de verdad, las detestes. Luego podrás usar la lista de alimentos sustitutos (página 115). Pero repito, no reemplaces una fruta requerida con otra sólo porque te gusta más o porque funcionó bien otros días y tú cree que lo hará de nuevo. No puedo enfatizar lo suficiente la importancia de hacer todo, y me refiero a todo, en el orden designado.

Así como lo hiciste ayer, asegúrate de esperar dos horas después de comer la última fresa y antes de comenzar con las papas al horno. En caso de que hayas olvidado las reglas de espera, las repasaré una vez más. De una fruta a otra espera una hora; de un grupo nutricional a otro, espera dos horas. Luego, una vez más, de verdad sería buena idea que revisaras los grupos alimenticios (páginas 118 y 119), porque hablaré más de ellos la semana próxima, cuando profundicemos más en la técnica de la combinación consciente. Es importante que comprendas exactamente el funcionamiento de esta forma de comer de manera que puedas adoptarla; pero no te preocupes: lo harás, en realidad es muy sencillo.

Ahora regresemos al menú y cantidades de hoy. La mayoría se come dos papas, por lo general las más grandes que encuentran. No me imagino que quieras comer más sin aburrirte, pero si sigues con hambre después de las dos papas, come más. Y sí, puedes ponerles mantequilla. Sin embargo, una palabra de advertencia: las papas son como esponjas, absorberán toda la mantequilla que les pongas, por eso usa la discreción y trata de usar aproximadamente dos cucharadas. Asimismo, esas ricas esponjas parecen expandirse una vez que están en el estómago, por ello es importante comerlas lentamente para que en realidad puedas decir cuándo ya haya sido suficiente. Si sólo comes dos papas, asegúrate de que ya no sientes hambre, no rebelión en contra de la autoridad o el "te demostraré".

Sí, dije rebelión; recuerda que yo también he pasado por eso. Lo he hecho todo, he jugado todos los juegos, he intentado todos los trucos. Por eso fui gorda durante 20 años. Una vez que dejé ir todas esas cuestiones negativas, adelgacé. Por desgracia, no había nadie que abriera mis ojos sobre los juegos que jugaba, por eso me tomó más tiempo del que te tomará a ti. Pero espero poder ayudarte a ver por ti mismo todas las cosas mentales y emocionales que te haces a ti mismo para impedirte ser tan perfectamente perfecto como puedas ser.

Creo que la mayoría de nosotros ya sabemos que ser delgado no crea un mundo perfecto. No es una panacea. Lo siento, pero ser delgado no te representará obtener felicidad. Pero hará algo igual de importante. Eliminará el obstáculo más grande que hoy te confronta: tú mismo. Mientras tu mundo está coloreado por los "Si tan sólo..." y tú te coloques entre ti mismo y la persona que de verdad quieres ser, nunca alcanzarás tu pleno potencial ni serás verdaderamente feliz. ¿No hay suficientes obstáculos en la vida? ¿No se interponen suficientes cosas entre lo que somos y lo que realmente queremos ser? ¿Tenemos que formar parte de ello? Pero la pregunta es, ¿cómo evitarlo? ¿Cómo no quedar atrapados? ¡Detestando el estar gordo!

Para la mayoría de nosotros, la decisión de ponerse a dieta por lo general llega cuando ya no es posible soportar cómo lucimos o nos sentimos. Sólo es posible evitarlo durante cierto tiempo.

¿Alguna vez has pensado qué detestas más de estar gordo o, aún mejor, qué te gusta más de estar delgado? Yo medité en ello haciendo listas, listas que aumentaban cada día. Tú sabes, adelgazar es mucho más que simplemente ponerse a dieta. Lo que mantuvo en marcha, lo que me impidió decir "al diablo con ello" y enterrarme bajo las cubiertas de una pizza de queso con salchichas, era recordarme constantemente qué tanto detestaba estar gorda y lo fantástico que sería estar delgada. Este pequeño truco, como los muchos que voy a compartirte, obrará milagros.

De hecho, he comenzado las listas por ti. En las páginas 106 y 107 están las listas tituladas "Lo que detesto acerca de estar gordo" y "¿Qué tiene de fantástico estar delgado?". Trata de aumentar algo a estas listas cada día durante la próxima semana; confía en mí, tus registros te servirán como inspiración y armadura contra el demonio de la gordura.

Verás que tus entradas te impedirán fallar como ninguna otra cosa lo ha hecho. En realidad, ¿por qué no haces tu primer registro en este momento? Luego come algunas ciruelas pasa y ten un día fantástico.

día 3

UVAS

Espero que hayas comprado muchas uvas porque vas a necesitarlas. No dejes de comerlas todo el día, desde que te levantes hasta que te vayas a la cama. La mayoría come aproximadamente dos kilos y medio de uvas en un día. Por supuesto, ahora que estoy delgada, no tengo que pasar por tantos días de pura fruta y tú tampoco, a menos que, por supuesto, así lo desees. Por lo general, en realidad sólo como fruta al comenzar el día, que para mí empieza a las seis de la mañana, por lo que para las diez u once de la mañana ya estoy muerta de hambre, y por lo general me como un par de *bagels*. Eso es antes del almuerzo. Y luego ya no vuelvo a tomar fruta. Recuerda, no hay que hacerlo después de ningún otro tipo de alimentos.

Ahora mi almuerzo podría ser desde un plato de brócoli hasta una hamburguesa con todos los aditamentos, ¡incluyendo papas fritas! Mis cenas son aun más impredecibles. Ceno en restaurantes cinco noches a la semana, y mis favoritos van desde calamares fritos y langosta a la mantequilla, hasta pasta o una costilla de res. Tú también podrás comer de esta manera. La clave para hacerlo son las frutas específicas para comenzar el día. Ahora bien, la fruta es el catalizador para la pérdida de peso, es lo que te permite comer alimentos que por lo general no se incluyen en un programa de pérdida de peso o en un régimen de vigilancia del mismo.

La pérdida inicial de peso y la eficacia de mi programa dependen en gran medida de los medios días y días completos de frutas. Sin embargo, una vez que hayas perdido peso, podrás evitar recuperarlo principalmente al comenzar cada día con frutas. No te preocupes si te encantan los desayunos; no te los quitaré. Sólo tendrás que levantarte dos horas antes, tomar tu fruta y después esperar para consumir el desayuno que tanto te gusta.

Recuerda, no estás confinado a tres comidas al día cuando comes según mi plan. El tiempo de espera de dos horas para pasar de un grupo alimenticio a otro es el único límite y, en la medida que lo sigas, podrás tener tantas experiencias gastronómicas como quieras.

Pero aún no hablemos de cómo conservar el peso, primero hay que perderlo. Y eso ya está ocurriendo, ¿cierto? De hecho, hay que celebrar lo que ya perdiste y lo que estás a punto de perder.

Brindemos por el nuevo flaco en ciernes: con una copa de champaña o de vino (bueno, es lo mismo que las uvas, ¿no es así?) o si lo prefieres, un vaso de té helado, agua de soda, agua mineral o incluso jugo de fruta porque hoy es un día de frutas. Si eliges el vino o el champaña, no estás limitado a un solo vaso. El alcohol, al igual que los alimentos, no están limitados en cantidad. No obstante, ten presente que hoy no comerás mucha comida pesada, por eso ten cuidado y no exageres. Embriagarte, entre otras cosas, pulverizará tu fuerza de voluntad. Por supuesto, el alcohol es opcional.

Si el alcohol formará parte de tu esquema alimenticio (si así lo quieres y no tienes problemas con él), es realmente importante que estudies los grupos de alimentos (página 118). El alcohol es como la comida: es preciso combinarlo de manera adecuada, para que no engordes. Ciertos tipos de alcohol combinan con determinados alimentos. El vino y la champaña son derivados de las uvas, y puedes beberlos con frutas. De hecho, podrás beber champaña con cualquier comida porque, a diferencia del vino, las burbujas impiden que se quede en el estómago. Las bebidas destiladas como el whisky escocés, el whisky *bourbon*, el vodka y el tequila van con los carbohidratos, al igual que la cerveza. Una vez más, todo esto está incluido en tu lista de grupos de alimentos, de modo que si bebes, por favor ve la lista para ver cuándo podrás beber tus favoritos.

Lo siento, no se pueden mezclar las bebidas. Las mezclas hacen que las bebidas engorden. El agua mineral o el agua simple están bien, pero no los refrescos de soda, agua quina, de cola ni ningún otro tipo de refresco o, tampoco, mezclas de frutas. Por desgracia, esto deja fuera las bebidas tropicales, como las margaritas y los daiquiris... ¡al menos por ahora!

Espero que hayas comenzado a elaborar tus listas de odiar la gordura, amar la delgadez. Esto, al igual que cualquier otra asignación que recibas, es muy importante (los llamo ejercicios no físicos). ¡Confía en mí cuando te digo que te proporcionarán impulso y aliento cuando te veas desalentado! Cuando sientas que no puedes seguir adelante, cuando lo único en lo que puedes pensar sea la comida y en comer, saca estas listas y recuerda tu meta.

Creeme, es posible que pronto tengas muchos de estos momentos; son inevitables. Aferrarse a una dieta y alcanzar una meta de peso son logros difíciles. Quizá nada de lo que jamás intentes hacer sea tan difícil, ¡pero lo lograrás! Simplemente manténte porque tengo muchos más trucos en la manga. De hecho, al ver en la televisión a la actriz Roseanne hablar de su dieta, me recordó uno de ellos. Dijo que, con su entonces marido, Tom Arnold, perdían peso comiendo desnudos frente a un espejo, con la esperanza de que la vista de sí mismos en su no tan gloriosa "gloria" les reduciría el apetito. A diferencia de los Arnold, no quiero que veas tu cuerpo con vergüenza y desprecio, sin importar lo horrible que sea. Y qué tiene de malo que la barriga toque las caderas como un delantal, o que no puedas verte los dedos de los pies. ¡Estás delgado en algún lugar! ¿Qué tal tus tobillos? ¿Te has visto las manos últimamente? Vamos, no te rías; hablo en serio.

Es momento de comenzar a acentuar lo positivo. Un cuerpo delgado no existirá hasta que no puedas verlo. Si sólo ves lo negativo, si todo tu enfoque se encuentra en la grasa, entonces eso es todo lo que existirá para ti. ¡Bueno, ya no más! En algún momento del día ponte de pie desnudo frente a un espejo. No me importa si quieres hacerlo o no, ¡simplemente hazlo! Confía en mí, sobrevivirás. Por supuesto, al principio lo único que verás será grasa, grasa, grasa por todas partes... hasta que veas más de cerca. Luego, verás que no sólo hay partes de ti que no están mal sino que algunas son agradables hasta cierto punto. Si no puedes verlas de inmediato, mira más de cerca. Pueden ser muy oscuras: la forma de un codo, el dorso de la rodilla. Sea lo que fuere, no importa, porque lo que empieza como un codo termina siendo un brazo. El dorso de la rodilla fluye hacia la pierna. Comienza buscando las costillas. Si no las puedes ver ahora, comienza retorciéndote y estirándote; tarde o temprano captarás un vistazo de alguna de ellas. Sólo sigue mirando y, cuanto más tiempo pases haciéndolo, más pronto ocurrirá.

Todo: un puente, un rascacielos, un cuerpo delgado, una revolución, comienza con una idea, como la que tuviste de adelgazar. ¡La realidad no es más que una fantasía realizada! Tú puedes hacer que ocurra. Visualiza el cuerpo de tu fantasía, ¡y lo lograrás!

Ya sé que estás preocupado. No creo que puedas terminar todo un día sin comer más que uvas. ¡Por supuesto que puedes! Sólo es un día. ¿Y piensas que tendrá hambre? ¿Cómo puedes tener hambre cuando puedes comer tanto como quieras? De acuerdo, quizá te aburras, pero no tendrás hambre. Ahora te preocupa la posibilidad de caer en la tentación, pero no será así. Sólo recuérdate a tí mismo que lo que hoy te tienta no irá a ningún lado. Tendrás la oportunidad de comerlo en otro momento. Tu restaurante favorito no cerrará y tus comidas favoritas no desaparecerán. Recuerda, nada desaparecerá del planeta; ¡excepto tu gordura!

Hoy en la noche, mientras hagas un brindis, que sea de cumpleaños, ¡FELIZ CUMPLEAÑOS, FLACO RENACIDO!

día 4

CHABACANOS SECOS
MINIENSALADA MAZEL
PASTA

Hoy es un día un poco más normal, con tres alimentos muy distintos. (Aunque ya sabes que no estás limitado a comer sólo tres veces al día). Por ejemplo, el desayuno no es una comida que se haga en una sola sentada. Puedes comer los chabacanos secos, al igual que las ciruelas pasa, de manera intermitente, en el transcurso de varias horas. Sólo asegúrate de comer los 250 gramos en su totalidad.

Existen varios tipos de chabacanos secos sin azufre entre los cuales elegir. Algunos son bastante agrios, de color pardo, muy secos y duros. Si remojas este tipo de chabacanos en agua por 40 minutos, tendrán más sabor y serán más fáciles de masticar. Una vez más, asegúrate de beber el agua en la que se remojaron. Asimismo, es importante comer todos los chabacanos: exactamente 250 gramos.

Los chabacanos secos se convertirán en parte integral de tu dieta, no sólo mientras pierdes peso, sino después de que esté delgado. ¿Por qué son tan importantes? Para empezar, contienen altos niveles de vitamina A, que es fabulosa para la piel, los ojos, el corazón, los pulmones y el hígado, así como cantidades elevadísimas de potasio. En cuanto a este último, ¡derrota a los plátanos por una milla! Como ya mencioné, una dieta alta en potasio ayudará a eliminar la hinchazón. También es eficaz para eliminar los calambres en las piernas a mitad de la noche, que indican una deficiencia de potasio. Si tienes este problema, descubrirás que quizá desaparezca al aumentar tu ingesta de potasio.

Antes de pasar al almuerzo, hablemos de los suplementos. Si ya estás tomando alguno, por favor sigue haciéndolo. Por supuesto, haz lo mismo con cualquier medicina que te hayan recetado. Creo que la vitamina C siempre es benéfica, en lo personal tomo de 1,000 a 2,000 miligramos al día. También es buena idea tomar una pastilla al día de un multivitamínico de alto poder.

Ahora hablemos del almuerzo. Primero y más importante, asegúrate de esperar dos horas después del último chabacano y antes de comenzar el almuerzo. La receta para la miniensalada Mazel se encuentra al final de la información correspondiente al día de hoy. Se supone que debería ser un almuerzo, pero quizá desees guardar lo que sobre en caso de que tengas hambre más tarde, en la noche.

No te preocupes por la cantidad de aderezo que utilices en la ensalada; puedes tomar tanto como quieras. Si comes en un restaurante, puedes usar el aceite y el vinagre en vez de llevar contigo los tuyos.

Ya mencioné que comer en un restaurante ya no es una excusa. Una por una, todas esas excusas, junto con la gordura, saldrán de este planeta.

Hablando de excusas, los "comedores" somos los mejores para inventarlas. Podemos racionalizar cualquier cosa cuando se trata de comer; bastará cualquier excusa antigua. Nos recompensamos y excusamos con comida. Si estamos de buen o mal ánimo, no importa. El resultado final es el mismo. La recompensa se convierte en el castigo. Pero la parte más triste de esto es que todas las comidas que elegimos para recompensarnos siempre son las favoritas, las que nunca nos damos permiso de ingerir cuando no estamos en un estado emocional, cuando no estamos bajo tensión o histéricos. Nunca las comemos cuando nos sentimos bien y podemos disfrutarlas. Quizá el único momento en el que podemos darnos permiso de comer las cosas que nos gustan es cuando estamos tan emotivos que ni siquiera podemos disfrutarlas. Estas comidas que nos proporcionan placer se vuelven un alivio del dolor y crean un nuevo dolor propio. Pues bien, a partir de ahora, las comidas de recompensa (ya sabes, las que crees que te harán sentirte mejor pero que nunca lo hacen más allá, por supuesto, de los pocos segundos que duran en tu boca) estarán en tu programa de pérdida de peso de flaco renacido y en tu futuro delgado. ¿Ves todas las comidas abiertas que vendrán? Será tu oportunidad de incluir todos los alimentos que quieres: los que estarán en tu vida para siempre, en tu, dentro de poco, flaco para siempre.

Ahora, regresemos a este día y hablemos de la cena de esta noche, que constará de pasta, pasta, pasta... muchísima pasta. Aunque no quiero que te vuelvas loco y comas hasta olvidarte, tampoco escatimes; una porción de restaurante debe ser tu guía. No, no tiene que estar sin nada que la acompañe; puedes hacer salsa marinera, de jitomate y albahaca, de ajo y aceite o a la primavera (con vegetales). Pero no puede tener queso o piñones, porque son proteínas. También omite la salsa de pesto, de modo que la comida sólo sea de carbohidratos. Además he incluido algunas recetas, y aunque no tienes que seguirlas al pie de la letra, al menos permíteles funcionar como guía.

Si te decides por una bebida alcohólica, recuerda las reglas: la champaña va con todo y por lo general las destiladas están bien, pero hay que revisar la lista. Una vez más, el licor de alta graduación va con los carbohidratos y el vino, como ya sabes, va sólo con la fruta. De modo que si bebes vino, lo siento, hoy en la noche no; no se mezcla. Y al igual que todos lo demás, no trates de hacer trampa o de lo contrario quizá ganes algo de peso.

MINIENSALADA MAZEL

2 manojos de espinacas lavadas minuciosamente
3 a 4 puerros grandes, limpios y cortados en forma diagonal en porciones de un centímetro
20 champiñones, limpios y rebanados
aderezo Mazel

Combina los vegetales. Baña con aderezo Mazel (página 134).

RINDE: 2 porciones

PASTA CON ACEITE DE OLIVA Y AJO

460 grs. de spaghetti, fettucini o linguini
1/2 taza de aceite de oliva, más aceite para cocinar en agua
2 o 3 dientes grandes de ajo, pelados y rallados
Pimienta negra fresca y molida.

Cuece la pasta en varios litros de agua con algunas gotas de aceite. Cuece *al dente* y enjuaga minuciosamente.

Calienta el aceite y viértelo en la pasta cocinada. Cocina durante uno o dos minutos sobre fuego medio. Incorpora el ajo* y cocina durante 30 segundos a fuego lento. No permitas que el ajo se dore. Agrega un poco de pimienta fresca.

RINDE: 2 porciones

PASTA CON VEGETALES SALTEADOS

8 champiñones grandes, limpios y rebanados
1/2 taza, más 2 cucharadas de aceite de oliva
10 floretes de brócoli, cocidos en agua hirviendo durante dos minutos, y refrescados**
10 puntas de espárragos, cortados diagonalmente, cocidos en agua hirviendo durante dos minutos, y refrescados
1/2 kilo de spaghetti, cocido*** y enjuagado
2 dientes grandes de ajo, rallados
Pimienta negra molida fresca

Saltea los champiñones en una cucharada de aceite caliente durante uno o dos minutos. Pon a un lado. Saltea el brócoli durante un minuto en cucharadita y media de aceite caliente. Saltea los espárragos un minuto en cucharadita y media de aceite caliente.

Calienta media taza de aceite. Saltea la pasta de uno a dos minutos. Agrega los vegetales y el ajo y cocina durante un minuto. Agrega la pimienta y sirve.

RINDE: 2 porciones

PASTA CON CHÍCHAROS

1 taza de cebolla finamente picada
$^{1/4}$ de taza de mantequilla
$^{1/4}$ de taza de aceite de oliva
2 dientes de ajo finamente picados
2 $^{3/4}$ kg de conchas grandes de pasta, cocinada y enjuagada
4.6 kg de conchas pequeñas de pasta, cocinad y enjuagada
2 $^{1/2}$ tazas de chícharos cocido
1 taza de perejil finamente picado
Pimienta negra fresca molida

Saltea la cebolla en una combinación de mantequilla y aceite durante seis u ocho minutos; agrega el ajo y cocine a fuego muy lento durante un momento. Retira del calor y agrega las conchas, los chícharos, el perejil y la pimienta. Mezcla bien para servir.

RINDE: 2 porciones

* Algunos chefs recomiendan saltear primero el ajo en aceite. Si lo haces así, no permitas que se dore, o de lo contrario amargará. Cocina sólo hasta que esté ligeramente dorado; luego agrégalo a la pasta.

* * "Refrescar" significa enjuagar en agua fría.

* * * Algunas personas cuecen la pasta en el agua donde se cocieron los vegetales.

día 5

PIÑA
PAPAYA
PIÑA

Quizá no haya dos frutas con enzimas más potentes que las piñas y las papayas: descubrí su potencia poco después de comenzar a aplicar los antiguos principios de la combinación de comidas a mi dieta. Más que deliciosas, en realidad representaban la diferencia entre delgado y gordo.

La piña contiene la poderosa enzima bromelina, para quemar la grasa. Ya la mencioné, el día de las fresas. Recuerda, interactúa con y activa el ácido clorhídrico del estómago. Es un digestivo "natural" de la grasa. A propósito, el digestivo de la grasa es responsable sobre todo de eliminar todos los productos lácteos que ingieres (leche, queso, yogur, helado, mantequilla), la carne y el pollo que tomas y los entremeses que comes todo el día: galletas, papas fritas, pastas y pretzels que se hacen con aceite hidrogenado o parcialmente hidrogenado, entre otros alimentos.

Comienza a leer las etiquetas y a reemplazar los entremeses con variedades más sanas elaboradas con aceites "buenos", como el cártamo o canola. Busca estos productos en secciones de alimentos naturales de los grandes supermercados o en la tienda de alimentos saludables de tu localidad. Sólo recuerda, sin importar dónde te encuentres, lee siempre las etiquetas. Asegúrate de que los alimentos que compras no contengan aceite hidrogenado o parcialmente hidrogenado. Estos se vuelven sólidos a la temperatura ambiente. Las grasas hidrogenadas y parcialmente hidrogenadas le han dado al grupo alimenticio de las "grasas" su mala reputación, en gran medida inmerecida.

La papaya, la otra fruta para este día, es igual de poderosa. No te he hablado del "bam bam bam" de la papaya. Como un pequeño martillo, elimina la carne excedente y la grasa adicional, y la suaviza de modo que el organismo pueda eliminarla. ¿Ves a lo que me refiero cuando digo, quema y saca las enzimas? Durante los dos días siguientes en realidad estaremos atacando estos depósitos de grasa.

La enzima de la papaya es la papaína; la enzima natural en el cuerpo que la papaya impulsa es la pepsina. La papaína es una forma química o artificial que se utiliza como ingrediente para suavizar carnes.

Es importante comer la fruta hoy en el orden exacto que especifiqué: es decir, si quieres "quemar y sacar".

Come piña hasta que ya no puedas más (por lo menos una completa), luego espera una hora y come papaya hasta que pienses que te convertirás en una (por lo menos dos o tres). Después de detenerte por lo menos una hora, come más piña.

Si te duele la boca por la piña, quizá se deba a que no está madura. Si eres lo bastante afortunado para tener un mercado que venda piñas peladas o cortadas en mitades, ésa es tu opción más segura. Podrás ver lo que recibes sin dejar nada al azar. Si vas a comprar piñas completas, permíteme darte algunas sugerencias sencillas: una piña madura sin cortar debe ser de color amarillo dorado con un aroma fragante, dulce y floral. Debe oler como piña. A propósito, tu olfato es la mejor guía para seleccionar fruta madura. El color y la textura pueden engañar, pero no el olor. Si la fruta no huele, no tiene sabor. A propósito, esto también se aplica a los vegetales, en especial a los jitomates. Sin embargo, con la sandía y las uvas no es tan sencillo, pero es posible elegir una sandía madura por su sonido. Ponla de cabeza, de modo que su otro extremo quede arriba. Golpéala con el puño en esa área. Si se escucha un "pin" alto, no está madura. Si es un profundo "fump", está pasada. Una sandía perfecta será un "bum" resonante.

De hecho, las uvas no huelen, por eso es preciso observarlas. En los días anteriores a la combinación consciente, yo tomaba una muestra pero ya no. Tú sabes, no son los excesos o las comidas sofisticadas lo que nos engorda, sino las cosas que, como la difunta Totie Fields solía decir, "...vuelan a la boca". Por lo tanto, cuando se trata de seleccionar fruta o cualquier "prueba", si te encuentras a la mitad de una mordida, no la tragues. Escúpela con discreción. Recuerda, por cada bocado que entra a la boca alguna otra cosa se queda afuera. Todas las mordidas, sin importar lo pequeñas que sean, cuentan. Entonces, cuando esa pequeña voz dice, "¿Debería o no debería...?" y estás a punto de tomar el primer bocado, pregúntate si por ese bocado vale la pena renunciar a otra cosa que está por venir. En otras palabras, si piensas en la comida cuando no cuenta, no deberás pensar en ella cuando sí cuenta.

día 6

PAPAYA
FILETE O CHULETAS DE CORDERO, Y CAMARONES EN CUALQUIER ESTILO

Dejemos el martillo golpeando un poco más: al menos tres papayas más están esperándote hoy. Por supuesto, más si tú quieres. Sólo come hasta saciarte. Una vez más, procura no enfermarte por comer en exceso, pero recuerda que, con estas frutas enzimáticas, cuanto más comas, más peso perderás.

Cuando las personas se quejan de que no se sienten bien, o de sentirse débiles o cansadas, con frecuencia se debe a que no han comido suficiente. No permitas que esto te ocurra, en especial hoy porque quiero que te sientas muy bien por la noche, sobre todo si irás a tu restaurante favorito de carnes. Si no comes carne roja, podrás tomar las proteínas animales que elijas: pescado, pollo o puerco. Si eres vegetariano, come lo que normalmente tomas como proteínas.

Si cocinas en casa, espero que hayas seleccionado tu corte favorito de carne. Siempre cerciórate de darte lo mejor de tus favoritos, a fin de realmente sellar el éxito. Una de las razones por las que se pierde el control se debe a que las personas se frustran cuando no han comido lo que de verdad querían. Nos permitiremos romper la dieta y comer algo que pensamos nos está vedado como pizza, *banana split* o nachos con queso adicional y, no obstante, en absoluto nos permitimos ir a nuestra pizzería, tienda de helados o de hamburguesas favoritas. En vez de alimentar nuestra fantasía (nuestra hamburguesa, helado, o comida mexicana favorita), simplemente comeremos en cualquier lugar y de cualquier modo. Por lo general, cuanto más rápido preparemos la comida, mejor. Queremos comerla antes de que nuestro yo flaco recupere el control y decidamos saltarlo.

Mientras tanto, tendremos esta "invitación tramposa" inferior, que sólo nos provoca mayor insatisfacción y frustración porque no se compara. No es, por mucho, tan bueno como la comida con la cual la estarás comparando. Entonces terminas queriendo aún más: más de casi cualquier cosa para llenar ese vacío de insatisfacción.

Cuando se trata de pizza, costillas o hamburguesas con queso y tocino, es raro que me veas comiendo en cualquier lugar fuera de mis sitios favoritos.

Elegir la mejor fruta es igual de importante. Para el éxito es importante cerciorarte de que está madura y comerla antes de que se pase, por ello no la compres con demasiada anticipación. Sólo te lastimarás tú mismo: no sabrá bien y tú no quedarás satisfecho.

Como de costumbre, hoy por la noche no hay control de raciones (y sí, puedes usar la salsa de coctel con tus camarones o catsup con tu filete). No obstante, no te excedas con los condimentos; es muy posible que sean salados. Evita las salsas para carne por esta misma razón. Sin embargo, si puedes encontrar una que esté libre de sal y de glutamato monosódico, come hasta saciarte. Por favor: sin mantequilla ni aceite; no son necesarios con la carne, y la harán mucho menos saludable.

Sí, la carne puede ser sana cuando se cocina de manera adecuada y se come con moderación; ciertamente, no siete días a la semana. Aun la grasa puede ser un componente nutricional necesario. Contrario a lo que podría pensar, la grasa es necesaria en las dietas. Entre otras cosas, sirve para transportar hormonas, así como vitaminas A, D, E y K, y reabastece las células de los recubrimientos que rodean a los nervios.

Si tu médico te advierte contra la carne, sigue sus instrucciones. Una vez más, si eres vegetariano, ingiere lo que normalmente tomarías como proteínas, pero cuidado con el queso. Es muy difícil de digerir, y si lo consume en grandes cantidades, quizá tenga la mayor parte de responsabilidad de esos kilos no deseados.

Si consumes bebidas alcohólicas, esta noche sólo podrás tomar champaña.

día 7

PIÑA
ENSALADA MAZEL

Es el séptimo día y estás en el cielo, y ¿por qué no? No sólo respetaste la dieta durante toda la semana, no sólo no hiciste trampa ni una vez, sino que además perdiste peso... y hacerlo ni siquiera fue difícil.

Bueno, ¿qué tan difícil fue comer elotes y papas al horno, pasta y filete? La siguiente semana estará aun mejor. Tu comida favorita, un emparedado, pollo y pavo (tanto como quieras, con pellejo y todo, carne roja o blanca), más un banquete chino. ¡No es un trato demasiado mezquino!

Si puedes comer de este modo y perder peso, ¡imagina lo fácil que será mantenerlo! Es correcto: esta técnica te permitirá comer todo lo que quieras y nunca engordar. ¿Y qué ocurre si en el proceso tienes que comer mucha piña: dulce, deliciosa y quemadora de grasa? Ciertamente es mejor que una sustancia química líquida en una lata, o 50 gramos de esto y media taza de aquello, tu conteo básico de calorías, el control de porciones y las dietas que nos matan de hambre.

En realidad, quiero que hoy comas mucha piña, no te refrenes. Pongamos a trabajar esas enzimas.

Espero que aguardes con ilusión tu ensalada de hoy por la noche, porque te estará esperando una de ellas con un sabor que nunca antes has probado. La combinación de ingredientes crea este gusto vigorizante, tanto en la boca como en el organismo, por eso utilice tantos ingredientes como sea posible, si no todos.

Si has estado un poco nervioso o como si desearas reventar, ¡es natural! Es difícil seguir una dieta, cualquiera que sea, estoy segura que habrá muchos días en los que no creas poder lograrlo. Piensa en todas las tentaciones: los olores, los comerciales de comida, empacar los almuerzos de los chicos, preparar la cena de la familia. ¿Cuántas veces te has sorprendido con bocados que no se suponía que deberías comer? Espero que no la hayas tragado.

Sabes que es divertido: en realidad no pensamos que podemos comer diferente a otros. Por supuesto, tenemos momentos de locura cuando nuestra cabeza dice no y nuestro corazón dice adelante, y nos lanzamos a comer todo lo que no esté clavado al piso. Pero olvídate de los excesos; la verdad de la cuestión es que comemos más, y diferente, de la persona llamada "normal" o, podríamos decirlo, delgada. Simplemente no nos damos cuenta de ello, porque no estamos conscientes. Me refiero a comer de manera inconsciente. Recuerda lo que dije ayer, que no son las comidas sofisticadas o los grandes atracones lo que nos hace engordar. Es lo que se ingiere cuando no se está comiendo en realidad: los bocados de esto, las pizcas de aquello, los dulces que tomamos en la lavandería, las sobras cuando limpiamos la mesa.

No obstante, nuestra necesidad de comer es tan inherente a nuestra personalidad y es tan parte de nosotros como cualquier otro rasgo de carácter que tengamos. Por esa razón nunca te pediré que cambies o elimines tu necesidad de comer, sino que estés consciente de ella y que aprendas a convertirla en una fuerza positiva. Podrás hacerla funcionar en tu beneficio en vez de hacerlo en tu contra. Si haces que todos los bocados cuenten y piensas en la comida cuando en realidad no cuenta, no tendrás que pensar en ella cuando sí es importante.

Por cada bocado que entra a tu boca, alguna otra cosa se quedará fuera. Los bocados de los que tenemos que estar más conscientes son los que no nos dimos cuenta de haber comido, como la "comida" antes de la comida. La próxima vez que cocines para otra persona, hazte consciente de la frecuencia con la que por lo general introduces algo en la boca: el dedo, una cuchara...

Si bien tus siete días en *La nueva dieta de Beverly Hills* te han hecho consciente de todo lo que entra a tu boca, estoy segura de que, en más de una ocasión, te encontrarás inconscientemente poniendo algo en la boca que no debería estar allí. Hay que estar en guardia; es muy difícil eliminar los hábitos antiguos.

ENSALADA MAZEL

2 manojos de espinaca, lavadas minuciosamente
2 manojos de berros
2 pequeñas cabezas de endivias
1 o 2 manojos de brotes de mostaza
3 zanahorias ralladas
2 betabeles crudos, rallados
1 rábano Daikon, rallado
25 champiñones, limpios y rebanados
1 manojo de perejil picado
3 puerros, limpios y recortados diagonalmente en piezas de un centímetro
aderezo Mazel

Asegúrate de que todos los vegetales están limpios y secos. Corta las espinacas, los berros, la endivia y los brotes de mostaza en trozos grandes, del tamaño de un bocado. Agrega los ingredientes restantes. Mezcla con aderezo Mazel (página 134).

RINDE: 2 porciones

día 8

UVAS
(PASAS O PALOMITAS DE MAÍZ OPCIONALES)

Otro lunes y tú más delgado. Ahora, cuando las personas comienzan a observar esos kilos de menos, asegúrate de sonreír y agradecer. Mañana quizá también estés agradeciendo a la báscula. Por lo general, experimentarás una pérdida de peso después de un día de uvas, aunque tal vez hayas comido al menos dos kilos y medio de éstas.

A mí me encantan las uvas rojas, en especial las congeladas. Después de ponerlas en el congelador durante un par de horas se tendrá un verdadero agasajo al gusto, y un poco de diversión.

Si es temporada de cerezas y las prefieres en vez de las uvas, consiéntete. Sólo asegúrate de estar comiendo las cerezas en lugar de, no además de, las uvas. Pero por favor, no te tragues las pequeñas semillas, y asegúrate de que las cerezas están en buen estado y maduras, o de lo contrario te dolerá el estómago. Su profundo color será la clave. Si eliges cerezas o uvas, hoy por la noche podrás tomar 125 gramos de pasas *o* un gran tazón de palomitas. Si elegiste estas últimas, no te olvides de esperar las dos horas; una hora para las pasas. Podrás cocinar las palomitas en aceite pero, por favor, no uses mantequilla ni sal. En el futuro, podrás animarlas un poco con mantequilla, pero no hoy en la noche. Este día las utilizaremos como escoba. Queremos barrer, y la mantequilla sólo lo hará más lento. Una palabra de advertencia: no utilices palomitas preparadas para horno de microondas; están repletas de ingredientes artificiales.

¿Ya te hiciste amigo de la báscula del baño? Ese pequeño aparato mecánico tiene más efecto en nosotros que una bomba atómica. Literalmente, puede hacer que un día sea bueno o malo. Bueno, si la odias, no eres el único. Puede tomar al ego más firme y sacudirlo hasta hacerlo trizas. He visto a las personas más guapas, más poderosas, más seguras y con mayor confianza en sí mismas, derrumbarse debajo de su fuerza. La báscula, junto con la comida, representa al enemigo (¿o debería decir, el antiguo enemigo?).

La báscula nos obliga a vernos y sentirnos como somos en realidad, y nos obliga a hacer algo al respecto. Si en realidad te viste tal como eras, ¿te habrías permitido verte del modo en que lo hiciste? Si en realidad te sentiste a ti mismo, ¿no piensas que deberías haber hecho algo acerca de ello mucho tiempo atrás? ¿Qué tan fácil fue transportar esa pesada sandía desde la caja del supermercado hasta el automóvil? ¿Qué tan fácil fue llevar en torno a la cintura todos esos kilos de más? Si has estado verdaderamente consciente de ellos, habrías hecho algo al respecto. La báscula nos obliga a asumir la responsabilidad del conocimiento.

Sin importar lo evolucionados que lleguemos a ser ni lo delgados que lleguemos a ponernos, retenemos una inversión en la desconexión de nuestros cuerpos, un vestigio de lo que llamo la división entre cuerpo y mente. Vemos lo que queremos ver y sentimos lo que queremos sentir. Cuando nos vemos en el espejo, tenemos una idea preconcebida de cómo lucimos, y eso observamos...

Mi primer viaje después de convertirme en flaca fue a Nueva York durante nueve días. Recuerda, yo solía pesar 81 kilos. Allí estaba, una nueva flaca, sin mi báscula, lejos del mercado de mi comunidad, agasajada con vino y cenas. ¿Funcionaría de verdad mi técnica de la combinación consciente? ¿Pasaría la prueba en el mundo real? ¡Estaba aterrorizada! Luego llegué al hotel y descubrí una báscula en mi habitación. ¡Qué alivio! Todas las noches celebraba la comida al tiempo que seguía mis reglas, y cada mañana me pesaba. La combinación consciente estaba funcionando. ¡Estaba asombrada! Mi peso nunca cambió.

Una noche me di permiso de derrochar de verdad, de hacer lo que llamo "abierto sin discreción", y cené con mucho estilo. Se trataba de una cena italiana abierta en la que mezclé todo: grasa, queso y sal. Había tratado de comer como una persona flaca: lenta, consciente, un bocado a la vez; pero perdí el control y me excedí. Estaba segura de haber ganado peso.

A la mañana siguiente podía sentirlo mientras me deslizaba fuera de la cama. Me vi en el espejo: los huesos de mi cadera habían desaparecido. Esta vez, de verdad había metido la pata. Estaba aterrorizada. La ballena que alguna vez fui asomaba en mi horizonte. Avancé poco a poco hacia la báscula, con miedo y horror. Con un ojo cerrado, respirando apenas, miré hacia abajo. Dos números me miraban. Dos números perfectos. ¡No había ganado ni un gramo! Había tenido éxito. Había comido como una persona delgada, con una mano, un bocado a la vez, y a pesar de mi cena "abierta sin discreción", a pesar de estar fuera de control, no había ganado ni un kilo. Ya nunca más tendría que sentir miedo; ya podía programar los días abiertos con mayor frecuencia. Superada con alegría y alivio, me vi de nuevo en el espejo. Mis huesos de la cadera reaparecieron. Mi mente había estado jugando conmigo; la báscula puso de nuevo la realidad en su sitio.

¡Qué sentido de seguridad permite la báscula! A partir de ese momento, no he vuelto a viajar sin llevar una. Tengo una báscula de baño, muy pequeña y ligera, que se desliza con facilidad en el fondo de mi equipaje.

La báscula es tu mejor amigo; es un amante que no te juzga. Es un observador verdaderamente objetivo de la vida. No tiene motivos ocultos. Y, lo más importante, no te dice si has sido bueno o malo, sino si está funcionando o no lo que estás haciendo y cuánto estás comiendo. Y si no está funcionando, y si ganaste un poco de peso, no importa. No es el fin del mundo; no significa que deberías ponerte histérico y golpearte en la cabeza, porque eres un gordo fracasado; ni que nunca más serás capaz de comer las cosas que comías y que te hacían ganar peso. Significa que tú lo harás funcionar.

Ese es el objetivo final del programa de *La nueva dieta de Beverly Hills*. Hace que funcione la comida, toda ella, independientemente de su inevitable efecto transitorio. Entonces, si la báscula sube, simplemente aplica las reglas de la compensación consciente, utiliza las contrapartes correctivas y come para bajar de peso de nuevo. Adelgaza y permanece delgado alimentando el organismo.

En este programa experimentarás con comida para ver qué funciona y qué no para ti. La báscula está allí para decirte exactamente cuánto puedes conseguir sin consecuencias. Es una experiencia de aprendizaje que puede ocurrir sólo si te comprometes a un romance cotidiano con la báscula.

Lo peor que puedes hacer es no pesarte después de meter la pata... pasar el día sintiéndote gordo y culpable cuando quizá no hayas ganado ni un solo gramo. Ten presente que no serán las grandes comidas lo que te ponen como estás, no son las indiscreciones que planeste ni los "momentos de locura", sino todas las cosas que piensas que no importan (como lamer una cuchara que utilizaste para batir algo). Permite que la báscula te lo pruebe.

Confronta y reconoce tu peso todos los días. Luego, deja de pensar en ello. Pésate todos los días, anótalo, y díselo a la misma persona. Borra esa conciencia de grasa de una vez y para siempre. Si no confrontas y reconoces tu peso, este revoloteará por allí. Jackie, una de mis clientes, solía decirme su peso en código. Anotaba 10 kilos menos de lo que era, y cuando lo decía en voz alta todas las mañanas, sólo daba el último dígito. Pensaba que su esposo, Henry, no tenía idea de lo que ella pesaba. Luego se quedó atorada en una meseta. Nada funcionaba. Su peso permanecía en la misma y enloquecedora cifra. Por supuesto, sentí que si ella admitía su peso, la meseta se disolvería. No obstante, nada podía convencerla, ni siquiera el pensamiento de tres días consecutivos de sandías.

Por último, desesperada, le pedí que me comunicara con su esposo por teléfono. Aceptó. "¿Cuánto cree usted que pesa Jackie, Henry?" A pesar de las claves, a pesar de vestirse en el vestidor para ocultar su gordura, a pesar de todos los trucos conocidos sólo por los gordos, Henry adivinó el peso de Jackie, con un margen de error de medio kilo.

Una vez que Jackie se dio cuenta de que su peso ya no era un secreto, y que lo dijo en voz alta, perdió kilo y medio. La meseta había sido mental, no física.

Ama a tu báscula y abrázala; es una clave para tu éxito y una base para tu sentido del ser. Hará que esta dieta funcione para ti, y que la comida y comer también lo hagan. Te pondrá y te mantendrá delgado, sólo si tú lo permites.

¿Qué más tienes que perder?

día 9

CIRUELAS PASA
FRESAS
POLLO O PAVO

Hoy hay mucha más variedad que ayer: tres comidas distintas. Primero van las ciruelas pasa. Como siempre, come 250 gramos. Espera una hora antes de comenzar con las fresas y come muchas de ellas. Recuerda, cuanto más comas, más perderás. Quizá desees poner algunas en una licuadora con un poco de hielo, y tomarlas como bebida. De hecho, puedes hacerlo con cualquiera de las frutas, para cambiar un poco. Cocinarlas también es fantástico. Mañana hablaré de ello. Quizá desees hornear tu piña (¡mmm, delicioso!).

¿Ya decidiste cuál será tu cena de hoy por la noche? ¿Será pollo, pavo o ambos? A decir verdad, sería mejor elegir uno o el otro, en vez de tomar un poco de ambos; pero si de verdad quieres variedad, está bien si comes un poco de cada uno. Incluso puedes tomar carne más oscura y sí, también puedes comerse la piel.

Es mejor elegir uno o el otro porque eso disminuye la tendencia a comer en exceso. Es importante para algunos de nosotros que nunca parecemos saber cuándo es suficiente, para quienes nos regimos por las papilas gustativas, no por el estómago. Elegir el monoalimento (comer una cosa a la vez) es un salvador. Cuando consumes sólo una cosa, en realidad no puedes hacer demasiado daño en lo concerniente al peso, porque a la larga comerás considerablemente menos de lo que harías si hubieras tomado una mezcla de alimentos. Para algunas personas, el estómago casi nunca dice "suficiente", y mientras la comida siga sabiendo bien, aún será posible comer un poco más, sin importar lo lleno que esté uno. Ya ves, cuando comes varias cosas a la vez, desencadenas una variedad de papilas gustativas, y aunque el estómago tenga suficiente, las papilas codiciosamente piden más. Sin embargo, cuando te apegas a una sola cosa, tarde o temprano esas papilas se aburrirán, y se espera que cuando deje de saber bien, tú dejarás de comer. Eso por lo general ocurre antes de que hayas comido con exceso.

Sé que ya he hablado mucho del ejercicio, y que sabes que no es obligatorio. Sin embargo, si tienes una rutina regular, espero que la hayas continuado, en caso de que no trabajes con pesas.

No quiero que utilices pesas ahora para que no desarrolles masa muscular ni conviertas la grasa en músculo. Las frutas que estás comiendo ayudan a suavizar la carne excesiva, de modo que pueda eliminarse. No queremos que permanezca allí. No te preocupes, estarás firme cuando tu peso esté donde deba estar.

Ya mencioné que no te obligaría a hacer ningún ejercicio, y sigo en lo dicho; pero si no haces ninguna tarea física y el ejercicio no ha sido parte de tu vida hasta ahora, te voy a pedir que des el primer paso. Quiero que hagas algo físico durante cinco minutos al día. Vaya, cinco minutos no es mucho. Tienes una opción: encender la radio y bailar sin detenerte durante cinco minutos, o dar una vuelta a la manzana. Si no quieres salir de casa, camina en el mismo sitio durante cinco minutos.

¿Qué provecho representan cinco minutos? Cuando el organismo está acostumbrado a no hacer nada, el solo hecho de hacer algo (aunque sea un poco) agregará cierto fuego a la hoguera que se trata de alimentar. A propósito, esa hoguera se llama metabolismo.

Así, si tu excusa siempre ha sido tu "lento metabolismo", ya no será lento por mucho tiempo más. Estarás cambiando todo eso ahora que estás alimentando a tu organismo con combustible de alto octanaje, y verás un dramático cambio en el paso.

día 10

CHABACANOS SECOS
PAPAYA
PIÑA

Hoy es un día interesante: sólo fruta, pero en lo correspondiente a gusto y textura, cada una es fantástica y deliciosamente individual, con sus propias características. Como recordarás, el objetivo fundamental de los chabacanos es la ingesta de potasio, que en forma natural (la comida pura siempre es más potente que las píldoras) te impedirá retener agua. Será importante recordar esto cuando comiences a planear tus propios menús. Descubrirás que si tomas chabacanos secos para el desayuno en un día en el que sabes que la comida será muy salada (por ejemplo, china o japonesa), el potasio adicional te ayudará a evitar la hinchazón excesiva.

La papaya suaviza esa "grasa" adicional de los huesos, deberás comer al menos dos o tres de ellas. Al final, pero no por ello en último lugar, está la piña. Por favor, come una completa. La piña quemará lo que la papaya suavizó. Estamos preparando esa grasa para que la sandía la lave mañana.

Si quieres intentar algo diferente con tu piña hoy por la noche, ¿por qué no prepararla en forma de bebida? O si deseas desesperadamente algo caliente, corta la piña por la mitad a lo largo, rocía canela en la parte central y colócala con la cáscara hacia abajo en un platón para hornear con un poco de agua. Colócala en un horno precalentado a 200 grados y de inmediato disminuye la temperatura a 110 grados. Hornea por aproximadamente dos a tres horas, o hasta que el fragante aroma de la piña se perciba en toda la casa. También puedes hacer esto con papayas, plátanos y fresas para agregar un poco de variedad. Sólo recuerda, precalienta el horno a una temperatura elevada y luego redúcela cuando coloques la fruta.

Han pasado 10 días desde que comenzaste el programa, por eso estoy segura que has enfrentado al menos una situación social. Al principio siempre son difíciles, en particular en la forma en que estás comiendo ahora. Es difícil no ser observado cuando lo único que uno come son sandías o uvas. Además, los restaurantes por lo general no tienen estos artículos en el menú. (Bueno, en Beverly Hills tampoco los tenían en los menús de hace 16 años; al menos no hasta que las personas comenzaron a pedirlos). Sé que es difícil tratar de tener una vida social mientras se sigue una dieta. Primero, ¿quién quiere admitir que está a dieta? Eso significaría admitir que uno está gordo (como si el resto del mundo no lo hubiera ya observado; confíe en mí, los abrigos largos y grandes sólo esconden una parte).

No, repito, no y bajo ninguna circunstancia realices ningún sacrificio social, ni siquiera en esta fase temprana, en cierto modo estricta y muy específica, del programa. Es importante experimentar las comidas en el mundo real desde el principio. Sólo entonces podrás comenzar realmente a hacer elecciones conscientes de comida en tu entorno natural. En este momento simplemente tendrás que ir con la corriente y comer lo que se supone que deberás comer sin importar lo que sea, aun si eso significa ir a tu restaurante favorito y ver que tus amigos comen sus comidas preferidas mientras tú sólo comes uvas. Aprenderás que toda la comida que pasa frente a tus ojos aún estará allí mañana. Sólo sabes que tiene buen sabor porque ya la probaste antes, y la comerás de nuevo. Darte cuenta y recordar esto será importante para tu futuro delgado porque, enfrentémoslo, aunque adelgaces, en ocasiones tendrás que recordar que suficiente es suficiente.

Si estás sintiéndote poco seguro de ti mismo, practica tu diálogo del restaurante frente a un espejo. Ensaya la parte en la que le dices al mesero que estás siguiendo una dieta especial. Hazle saber que sólo puedes comer sandía o lo que estés comiendo ese día. Menciona que trajiste contigo lo que puedes comer, y pide un plato.

Sé que eso parece difícil al principio, pero confía en mí cuando te digo que el mundo te comprende, y la mayoría de las personas sólo quisieran tener tu valor y tu fortaleza: un valor y fortaleza que continuarán creciendo día tras día.

día 11

SANDÍA

Quizá pienses que la sandía no es más que agua, ¿correcto? Bueno, pues estás equivocado. Tiene un alto nivel de oligominerales, cloro, bromo, azufre, potasio e incluso proteínas. Y lo más importante, literalmente te ayudará a eliminar toda la grasa que has estado quemando durante los últimos diez días. A mí me encanta comer las semillas y, contrario a lo que tu madre te dijo, no crecerá una sandía en tu estómago si lo haces. Sólo asegúrate de masticarlas antes de tragarlas.

Creo que las semillas son la parte más importante de cualquier fruta. Son la fuente de los nutrientes y el punto hacia el que se enfocan las enzimas. Son la parte que vive y respira de la fruta. Si las plantas, crecerán (pero no en tu estómago). Son energía, pura y simple. Cuando algo tiene semillas, como el melón, las uvas o la papaya, trata de comer algunas de ellas. Las semillas de papaya son interesantes. Su sabor es parecido al de las alcaparras y son muy picantes.

Ahora, regresamos a la sandía. Come grandes cantidades de ella. Córtala de manera que puedas llevarla contigo, o cómela al estilo de Buddy Hackett, un antiguo cliente mío. Buddy me enseñó una o dos cosas acerca de la sandía. Tenía una técnica muy interesante. Se llevaba una sandía entera y cortaba una pequeña rebanada como tapa, y luego mantenía todo lo demás bajo el brazo y se la comía a cucharadas mientras se sentaba en una mecedora. (También podría contarle la historia de melones de Jack Nicholson, pero no quiero que se desconcierte).

día 12

CHABACANOS SECOS
EMPAREDADO DE AGUACATE
TRES VEGETALES CON ARROZ

Tu desayuno de chabacanos secos te permitirá recuperar todo el potasio que pudieras haber perdido ayer, en el día de la sandía. La sandía es un maravilloso diurético natural que promueve, como habrás observado, que se orine con frecuencia.

¿Y qué ocurre al comer un emparedado que nos gusta tanto? ¿Puede ser su apariencia, cómo se siente en las manos, la sensación de morderlo, el sabor y las texturas? Bueno, me lo dirás mañana, después de haber comido uno y además haber continuado perdiendo peso. Es difícil creer que incluso puedes comer un emparedado en una dieta, y observa de qué tipo se trata.

Yo sé que piensas que los aguacates hacen engordar mucho. Es verdad, pueden hacerlo, pero no cuando se les combina de manera adecuada con otros alimentos.

Podrás preparar tu emparedado con cualquier tipo de pan o bollo, con jitomate, cebolla, germinados y lechuga. Por supuesto, podrás utilizar crema agria o incluso mayonesa, de preferencia hecha en casa o sin conservadores que se vende en una tienda de alimentos naturales. La receta para hacerla en casa está al final del capítulo de este día. Y podrás hacer el emparedado del tamaño que quieras. A mí me encanta que todos los aditamentos rebosen por los lados. Para mí, esa es la mitad de la diversión que supone comer. Observarás que los aguacates son y/o: es decir, combinan con las proteínas o los carbohidratos, pero nunca con ambos.

La cena de esta noche es lo que llamamos, en el lenguaje de *La nueva dieta de Beverly Hills*, una comida abierta de carbohidratos. Se trata de una comida compuesta exclusivamente de ellos. Éstos son los nutrientes que abastecen al organismo de energía.

De hecho, hoy es una buena noche para un festín de comida china... vegetales fritos y arroz frito con ellos. Tendrás que elegir tres vegetales, cocinados como quieras. Podrás comerlos con cualquier tipo de arroz; la decisión es tuya. No utilices sal ni nada que la contenga, como salsa de soya o glutamato monosódico. Si vas a un restaurante chino, asegúrate de decirles que no los utilicen al preparar tu comida. Si utilizas mantequilla o aceite, que sea con discreción. Dos cucharadas serán suficientes. Algunas personas podrían decir "con moderación", pero yo no; esa es otra palabra que no me gusta porque no soy muy buena practicándolo, en especial cuando se trata de comer. Quizá esté delgada, pero soy "comedora", y tú sabes cómo somos los "comedores": si algo es bueno, cuanto más, mejor; demasiado no es suficiente, y uno lo quiere todo.

Ahora bien, desearía que volvieras a las páginas 118-119, de modo que repasemos juntos los grupos de alimentos. Como ves, existen cinco encabezados: frutas, proteínas, grasas, carbohidratos, y/o. En cada categoría se enumera una variedad de alimentos que cae en cada categoría individual. Todos ellos contienen cierta cantidad de proteínas, carbohidratos y algunas grasas. La fruta, si bien se enumera por separado, en realidad es un carbohidrato; pero se trata de una categoría propia de ellos porque debe comerse sola. No debe tomarse con nada más, ni siquiera con otros carbohidratos.

Recordarás que una comida se clasifica con base en sus componentes principales. Los carbohidratos tienen al menos un 51 por ciento de glucosa; las proteínas, un 51 por ciento de aminoácidos; y las grasas, un 51 por ciento de lípidos. Todos son igual de importantes y ninguno engorda más que los demás. El equilibrio apropiado de todos los grupos alimenticios en la dieta nos mantendrá delgados y sanos. El equilibrio, como mencioné antes, no es diario, sino semanal.

Los carbohidratos representan la mayor parte de los alimentos que comemos, por eso comenzaremos con ellos.

Todos los vegetales, desde las alcachofas hasta el zapote, son carbohidratos, al igual que las papas, los granos, el pan, la pasta y el cereal. No estoy segura cuándo o cómo las personas dejaron de pensar que los vegetales ligeros (lechuga, acelga, col, perejil) eran carbohidratos, pero ciertamente los son. Yo los llamo minicarbohidratos. Existen tipos distintos de carbohidratos. La diferencia se basa en su estructura molecular. Los maxicarbohidratos (o almidones) son los más complejos y requieren más tiempo para digerirse. Pero no dejes que eso te atemorice. Eso no significa que engorden más. Todos los carbohidratos, mini y maxi, tienen las mismas cuatro calorías por gramo. Olvídate de lo que has escuchado acerca de la sensibilidad a los carbohidratos. Si se ingieren de manera correcta, no te harán engordar. Pero ya deberías saber que has comido suficientes carbohidratos en los últimos 10 días para derrotar al enemigo (pasta, papas, arroz, elotes), sin mencionar toda la fruta (que también son carbohidratos). ¿Qué otra prueba necesitas? ¿Has ganado o perdido peso? La comida hace engordar cuando no se procesa o digiere con eficiencia. Cuando queda atrapada en el estómago más tiempo del que debería debido a la interferencia de las enzimas o de las comidas de digestión más rápida que se ingieren con las de digestión más lenta.

Las frutas son los alimentos que se digieren con mayor rapidez. A diferencia de otros alimentos, la fruta no requiere de mucha ayuda del estómago para digerirse; deberá entrar y salir, en forma de nutrientes, de manera casi instantánea. Por ejemplo, antes de que usted termine de comer su piña, parte de sus nutrientes ya estarán alimentando las células. Los problemas surgen cuando se come fruta con, o después de, otros alimentos. Esa fruta quedará atrapada y se quedará en el estómago mientras se pudre. (Bueno, ¿qúe podría ocurrir si colocas un trozo de fruta en un lugar a más de 37 grados? Por supuesto, fermentará. Eso ocurre con la fruta en el estómago cuando se come junto con, o después de, otros alimentos.) Deténte un minuto y piensa de nuevo en la frecuencia con que te sentías hinchado después de comer fruta a la mitad del día o como postre.

Para que la fruta no te haga engordar y que el organismo la utilice con eficiencia, deberá ingerirse sola y nunca después de ningún otro tipo de alimento. Recuerda, una vez que hayas tomado alimentos de otro tipo en el transcurso de un día, no podrás volver a tomar fruta en esa jornada (sin importar cuántas horas hayan transcurrido).

Ahora hablemos de los otros carbohidratos, comenzando con el tipo maxi (almidones). Por favor, no mires la lista de maxicarbohidratos con miedo y horror. Recuerda, maxi o mini, todos tienen las mismas cuatro calorías por gramo. Los maxicarbohidratos son aquellos que proporcionan a tu organismo energía máxima sostenida y de largo rendimiento y, al igual que los demás carbohidratos, sólo nos engordan de manera potencial cuando se digieren en forma ineficiente, cuando quedan atrapados en el estómago con las proteínas (un alimento de digestión más lenta), o cuando se comen después de una proteína, cuando la enzima fundamental para la digestión de carbohidratos, la tialina, queda aniquilada por la combinación de las enzimas capaces de digerir las proteínas. Estas pasan mucho tiempo en el estómago: aproximadamente seis horas en el caso del pescado, por ejemplo, pero mucho más para el pollo y la carne. Ten en mente que, siempre que el estómago esté funcionando con base en las proteínas, cualquier carbohidrato que ingiera después no sólo se quedará como un grumo en el estómago, a la espera de que salga esa proteína, sino que será una protuberancia que no habrá sido digerida previamente, porque la tialina que debió estar en la saliva no se encontraba allí.

Las grasas van con las proteínas o los carbohidratos, pero nunca con la fruta (entonces, nada va nunca con la fruta). Por favor, deja de pensar en la grasa como si fuera una mala palabra. Es esencial para la buena salud.

El último grupo de alimentos son los y/o: los frijoles y el aguacate. Los llamo así porque asumen las características del grupo alimenticio con el que se ingieren. Son proteína cuando se consumen con proteínas y carbohidratos cuando se consumen con estos.

Pueden mezclarse con proteínas o carbohidratos, pero nunca con ambos al mismo tiempo, a menos que quieras tener tabiques y cemento en el estómago.

MAYONESA MAZEL

1 huevo completo
1 yema de huevo
De 1/4 a 1/2 cdita. de mostaza seca (utilice más o menos, al gusto)
3 cditas. de vinagre de arroz
2 tazas de aceite de ajonjolí

En un tazón pequeño, revuelve el huevo, la yema, la mostaza y el vinagre. Integra media taza de aceite, una cucharada a la vez, batiendo cuidadosamente para cerciorarte que haya emulsificación. Agrega el aceite restante de manera constante hasta que la mezcla esté espesa y suave; puede adelgazarse con agua. (También puedes preparar esta mayonesa en un procesador de alimentos o licuadora.)

RINDE: aproximadamente dos tazas

día 13

UVAS
DOS PLÁTANOS

Sé que gran parte de los lectores leyeron mi primer libro y siguieron la dieta. Como podrán ver, algunas de las comidas que han estado tomando son las mismas de antes y sigue habiendo días de pura fruta, como hoy. *La nueva dieta de Beverly Hills* es mucho más liberal y hay más alimentos en más combinaciones erróneas. Ese es el verdadero agasajo.

Las reglas originales de la combinación consciente: proteínas con proteínas, carbohidratos con carbohidratos, la fruta sola... no son inmutables. Así comeríamos si estuviéramos en un mundo ideal, pero vivimos en el mundo real. Y la realidad es una hamburguesa con todos los aditamentos, sin pan está bien de vez en cuando, pero sólo es un sustituto para lo auténtico. Tarde o temprano querrás ese pan. Para quien ama el pastel de carne, ¿qué es éste sin papas fritas? Así, pedirte que pases el resto de tu vida sin volver a mezclar alimentos no es diferente o mejor que pedirte que cuentes las calorías o que peses y midas las raciones. No es realista y nunca lo respetarás. A lo largo de mis experimentos en los últimos 15 años, he descubierto que abstenerse del todo de mezclar alimentos no es absolutamente necesario, y a la larga todos deberían poder hacer al menos una combinación errónea al día. Incluso algunas personas pueden hacer dos al día sin meterse en dificultades. Una combinación errónea es una comida que mezcla proteínas y carbohidratos.

¿Cuántas combinaciones erróneas podrías realizar sin dificultades? Permíteme preguntarte: ¿cuántas querrías? El peso no es la única consideración. Recuerda, cuando mezclas comidas, no aprovechas su pleno valor nutricional ni experimentas su potencial de energía completo. La comida es tu energía. Simple y sencillamente, eres producto de lo que comes. Debes pensar no sólo en tu reacción epicúrea a la comida, sino en tu reacción física a esta. Cómo te sientes, cómo te ves, cómo se relacionan contigo las personas y cómo funciona, o deja de hacerlo, tu vida, todo dependerá de tu energía. Ésta es un imán que regresa todo lo que le arrojes, y proviene de una sola fuente: la comida que ingieres. Los alimentos son tu vida, que a su vez depende de la comida.

Cada vez que decido no realizar combinaciones erróneas, por lo general no se debe a que eso me haga engordar, sino a que no me sentiré bien después de hacerlo.

Todas las frutas que has estado tomando, así como la separación de los grupos alimenticios, habrán resaltado tu conciencia y sensibilidad. Al comenzar a reintegrar algunos alimentos a la dieta, estoy segura de que te darás cuenta a qué me refiero o, más bien, lo sentirás. Simplemente no te sientes muy bien.

Cuando se trata de perder peso, el número de combinaciones erróneas que puedas hacer cada semana tendrá que ver contigo y tu capacidad de saber cuándo es suficiente. En esta área la mayoría de los "comedores" tienen problemas. Así, es imperativo que permanezcas consciente de las combinaciones erróneas. De hecho, no es tan difícil como suena. Cuando sabes que es permisible tomar un suflé de chocolate cualquier día de la semana, sabrás asimismo que no necesitas comer tres veces más de lo necesario. Cuando un programa de alimentación te permite salir y disfrutar ese almuerzo con champaña de los domingos, con todo y la mesa de postres, todos los domingos, cada vez que vayas a un *buffet* no significa que debas volverte loco y comer hasta olvidarte del mundo.

Existen varias claves para mezclar la comida con éxito. El tiempo de espera es una de ellas. Siempre que aguardes el lapso apropiado entre alimentos y grupos, no estarás confinado a tres comidas al día. Comenzar el día con fruta es crucial; de hecho, su efecto es tan dramático que si sólo comienzas el día con las frutas enzimáticas que has estado tomando en estos últimos días, tendrás varios kilos de ventaja en el juego del peso. Esto, por sí solo, te ayudará a nunca más volver a tu antiguo yo gordo. Obviamente, eso no es todo. Comer fruta por la mañana mantendrá tu cuerpo bajo un control razonable; la combinación consciente lo mantendrá en control total.

Si sólo ingieres una combinación errónea al día, sin importar lo mala que sea (en lo que serefiere a combinación), nunca volverás a estar gordo, en tanto hayas tomado tu fruta por la mañana y luego limites o excluyas los carbohidratos que ingieres durante el resto del día. Recuerda la regla del 80 por ciento de proteínas.

Una vez que hayas tomado tu combinación de proteínas y carbohidratos para el día (por ejemplo, filete y papa al horno, o pizza), es preciso considerar a los carbohidratos como tu enemigo porque, repito, una vez que la proteína entra al estómago, la enzima que digiere los carbohidratos, la tialina, es aniquilada y esos carbohidratos permanecerán en el estómago en espera de que la proteína salga. Con este conocimiento, siempre pregúntate si de verdad deseas todos esos carbohidratos. Bueno, sólo eres un ser humano, y estoy segura de que surgirán situaciones en las que debas hacerlo. Por tanto, es entonces cuando debes emplear de verdad la discreción mientras tomas otra comida mal combinada que incluye más carbohidratos, que no deberán exceder más del 20 por ciento de la comida total. En otras palabras, cualquier alimento que siga a una comida mal combinada deberá ser de al menos un 80 por ciento (si no en su totalidad) de proteínas, o de lo contrario pronto estarás de nuevo en Gordolandia.

día 14

PIÑAS
FRESAS
ABIERTO CON DISCRECIÓN

¡Aquí estamos, en el tercer domingo de la dieta! Ya sé que en realidad comenzaste hace dos lunes, y mañana apenas cumplirás dos semanas, pero en realidad debes contar el día anterior al que comenzaste. Ésa fue la última vez que seleccionaste por ti mismo una comida. Bueno, ¿anoche fue diferente a la noche anterior a comenzar una dieta? ¿No es siempre lo mismo la noche anterior al inicio de la nueva dieta? ¿No tienes que comer todo lo que piensas que nunca volverás a probar? Quizá pensaste que esta dieta sólo era más de lo mismo, una dieta más que seguirías hasta que te aburriera. Estoy segura que, para este momento, ya te habrá dado cuenta de que se trata de un juego completamente nuevo. No es sólo una dieta más.

Y ahora es el momento de poner en acción la conciencia flaca que estás desarrollando. En verdad, hoy en la noche estás solo, del mismo modo que lo estuviste hace dos semanas. Sin embargo, a diferencia de esa noche, no estarás comiendo con culpa y remordimiento, ni siquiera temeroso de las consecuencias, en términos de obesidad, de tu locura por la comida. Esta noche estarás comiendo con permiso y con placer. No voy a decirte qué o cuánto comer. Podrás comer todo lo que quieras, tanto como tu corazón desee, sea lo que sea. ¿La cantidad? Deja que la conciencia (es decir, tu conciencia flaca) sea tu guía. El "obeso tú" siempre lo hizo con exageración en el pasado; es por eso que ahora estás a dieta. Bueno, no tendrás que exagerar nunca más porque ninguno de los alimentos que decidiste comer, los que comiste en exceso en el pasado, te será vedado. No tienes que comerlo todo, atiborrarte hasta el último trozo o comer debajo de la mesa. No es la última vez que los probarás, sino la primera de muchas. Estos alimentos figuran en el programa de alimentación individual para siempre y no desaparecerán de allí. Por eso utiliza la discreción cuando comas y hazlo como un ser humano, con una mano y un trozo a la vez, consciente de los sabores y las texturas, de cómo se siente la comida cuando desciende por la garganta. Recuerda que no se trata de cuánto puedas comer en un lapso breve, ¡sino cuánto tiempo puedes hacer que dure el gusto!

Las piñas y fresas que componen el menú de hoy prepararán tu organismo con enzimas para quemar la grasa, nutrientes de alto nivel y combustible de alto octanaje. Ayudarán a tu organismo a digerir cualquier cosa que le des por la noche, sin importar lo mal que combine (no me preocupa si se trata de una berenjena a la parmesana y pastel de queso a la italiana, o alguna copia de estos platillos). Ahora bien, ¿perderás peso si haces combinaciones erróneas? Podría ser, pero quizá no, por eso no lo esperes. Una vez más, probablemente no ganes peso, a menos que de verdad te portes mal: ya sabes, comer como un cerdo. Pero ¿por qué debería hacerlo? Comer como un cerdo es algo que debías hacer cuando no tenías permiso para comer algo que engordaba. Esta noche tienes permiso para comer todo lo que quieras y no se considera como hacer trampa. Entonces, como no estás haciendo trampa al comer algo que no deberías, algo que nunca podrías comer de nuevo, no tienes que comerlo todo.

Cuando puedas apreciar esta filosofía, adóptala y hazla propia, así aprenderás a conducirte, ya que habrá muchas veces próximas. Esta noche es la primera de muchas cenas abiertas con discreción en las que aprenderás y experimentarás, como dijo la difunta gran instructora de actuación, Stella Adler, "lo que decides comer determina lo que tienes que comer".

Un recordatorio para el futuro, para cuando estés del todo solo: al darte cuenta que nada se digiere con éxito después de comer proteínas, excepto más proteínas, cuando sepas que ingerirás una combinación errónea, nunca tomes proteínas en la comida precedente. Por ejemplo, no consumas pollo en la ensalada del almuerzo cuando planeas cenar comida mexicana.

Hay algo más que yo quiero que hagas esta noche: comienza a practicar mi credo de que cada bocado cuenta: no desperdicies ni siquiera uno. Si lo que decidiste comer no sabe bien, no lo comas. Creeme, no mejorarás, entonces ¿por qué preocuparse? Y no te sorprendas cuando siga ocurriendo. Encontrarás que muchos platillos que considerabas fantásticos no están a la altura de tus expectativas. Verás que muchos de tus platillos favoritos saben mejor cuando se comen en el armario, cubiertos con la sal de nuestras lágrimas y el amargo regusto del remordimiento.

Una de las partes más importantes de la comida de esta noche es que comenzarás a apreciar, comprender e interiorizar mi credo principal: piensa en la comida cuando no importa, de modo que no tengas que pensar en ella cuando sí lo sea. Esta noche no tienes que preocuparte, podrás disfrutar tu comida sin culpa ni miedo porque al saber que está en camino una comida abierta, ya habrás pensado qué comer. Bueno, de hecho, ya lo hice por ti, de modo que todo está preparado, desde el punto de vista de las enzimas. Sólo relájate y, si sientes que te dejas llevar, que comes demasiado o simplemente que comienzas a salirte de control, deténte un momento, respira profundo, observa tu plato y recuerda que "no saldrá del planeta".

No olvides pesarte mañana.

día 15

PIÑA
ENSALADA MAZEL

Bueno, ¿qué te dijo hoy la báscula? ¿Funcionó? ¿Pudiste realizar tu primera comida abierta con discreción sin ganar peso?

Te pesaste hoy por la mañana, ¿cierto? ¿Qué significa eso de que tuviste miedo? Adelante, sube ahora mismo a esa báscula.

¿Cómo descubrirás lo que puedes hacer si no te pesas? Una vez más, la báscula no es tu juez y tu jurado; es tu mejor amigo. No te dice si has sido bueno o malo, sino que lo que comiste funcionó o no. Es decir, ¿tu cuerpo pudo manejarlo? ¿Digirió todo con lo que lo alimentaste? ¿La báscula bajó? ¿Perdiste peso? Bueno, entonces, supongo que tu cuerpo necesitaba y utilizó aquello con lo que lo alimentaste. Te lo comiste y luego tomaste algo más.

¿Permaneciste igual? Bravo, eso significa que, aunque la porción de carbohidratos de la comida quedó atrapada en tu estómago con las proteínas y no se digirió con la rapidez y calidad nutricional necesarias, tu organismo la manejó bien. Y permaneciste en control, y obviamente no comiste en exceso.

No te preocupes si ganaste peso; pudieron haber intervenido varios factores. Primero, como ya sabes, cuando mezclas proteínas y carbohidratos, tienes una mezcla que simplemente no se combina o se digiere bien. Si había queso, eso es un golpe doble. El queso, lamento decir, es muy difícil. Se requieren horas y horas para que el organismo lo procese, al tiempo que atrapa todo lo demás que se come junto con él, inhibiendo aún más la digestión. Pero eso no significa que nunca más podrás comer queso. ¡De ninguna manera! No quiero que te prives de tus enchiladas y nachos con queso extra, de tu pizza favorita o de tu hamburguesa con tocino y queso. Incluso si eso te hace ganar peso, harás que funcione.

Como verás, ésa es la belleza de la combinación consciente y de la compensación consciente: sin importar lo difícil que sea digerir la combinación, existe un antídoto, una comida posterior, y también un precedente (una comida previa) que te ayudará en la digestión. Al comer estos alimentos antes y después de la combinación difícil de digerir, ayudará a tu digestión y no engordarás.

Recuerda, ganar peso, según mi forma de pensar, lo provoca la comida que no se digiere; simplemente es el resultado de la indigestión. Si lo que usted comiste se dividió en nutrientes como debió haber sido, y si tales nutrientes, vitaminas y minerales fueron absorbidos por las células en la forma apropiada, y si la glucosa se transforma con eficacia en energía y los aminoácidos en bloques de construcción, si tu organismo ha utilizado de manera adecuada lo que se le dio y eliminó el desperdicio, entonces no habría residuos. No habría ganancia de peso. En algún punto, algo se quedó atrapado. No llegó a donde debía ir, del modo en que necesitaba hacerlo y cuando debía hacerlo. En vez de ello, simplemente se quedó allí. Como ves, si esas calorías fueron procesadas con eficiencia, debieron haberse convertido en energía adicional, no en grasa.

Registra tu confiable piña, el antídoto para hoy. Las enzimas de la piña funcionarán al activar el ácido clorhídrico del estómago, quemando lo que aún quede allí. Al mismo tiempo, sus altos niveles de potasio ayudarán a restablecer el balance electrolítico a fin de contrarrestar los efectos colaterales que pudieran deberse al exceso de sal. A propósito, la sal pudo haber sido el principal culpable de cualquier ganancia. Si tu comida era salada, o simplemente si eres sensible a la sal, tu cuerpo responderá reteniendo líquidos.

Confía en mí, si hoy comes una buena cantidad de piña, tus altos niveles de potasio te ayudarán con la retención de líquidos, al tiempo que las enzimas para quemar grasa funcionarán junto con la ensalada Mazel de esta noche. Los ingredientes ricos en clorofila no sólo ayudarán a oxigenar la sangre y le darán un impulso adicional, también absorberán parte de la grasa que quemaron las enzimas de la piña. Además, el alto nivel de fibra en la ensalada, así como el aceite en el aderezo, ayudarán a limpiar algunos de los residuos de grasa que la piña aflojó.

Si ganaste peso, existe otra posibilidad. Quizá comiste más de lo que tu organismo podía manejar con eficiencia. Te excediste. No te preocupes, está bien. Es tu naturaleza. Si hubieras comido porciones más pequeñas, lo habrías logrado. Si hubieras mantenido totalmente el control y ejercido tu fuerza de voluntad y disciplina, y si te hubieras detenido cuando tu estómago dijo suficiente al momento que la boca, lo mismo que el corazón, te gritaban "¡aliméntame!", lo habrías hecho. También estarías delgado y no me necesitarías a mí ni al programa de *La nueva dieta de Beverly Hills*. Quizá la próxima vez intentes comer menos.

La cantidad de comidas abiertas con discreción que puedes manejar depende de ti: cuánto comes y qué tanto deseas darte por vencido.

Si ganaste peso, vuelve a evaluar lo que comiste y bebiste ayer, bocado a bocado. Anótalo en la hoja de reconstrucción (página 108). Incluye cada fragments, cada bocado, todas las veces que te chupaste los dedos. Luego recorre la lista. Piensa un poco: ¿hay allí algo que hayas comido que no valiera la pena, que estarías dispuesto a pasar por alto la próxima vez? Táchala. Ahora revisa la lista de nuevo, enfócate en los carbohidratos. Recuerda, la porción de proteína en la comida atrapa a esos carbohidratos, por eso ve si existe algo que puedas eliminar la próxima vez que pruebes ese mismo platillo. Cualquier trozo de cualquier bocado representa una diferencia, por lo que incluso renunciar a un poco de lechuga será útil. Cualquier cosa que hagas en el futuro, que sea mejor de lo que hiciste ayer, será una mejora. La próxima vez que tengas una comida abierta con discreción, ve lo que ocurre si la pruebas una vez más, menos las cosas que tachaste. Sabrás si tienes éxito por los números que aparecen en la báscula.

El uso apropiado de la técnica de la combinación consciente para preparar la dieta es divertido, supone un reto y es remunerador.

Si respetas las reglas, sólo podrás ganar. Una vez más, nunca comas fruta con ninguna otra cosa. Los carbohidratos van con carbohidratos. Las proteínas van con proteínas. Las grasas van con proteínas o carbohidratos, pero no con la fruta, y los minicarbohidratos después de la proteína. Hazlo religiosamente mientras estamos juntos y siempre permanecerás delgado.

De verdad, nunca ganarás peso si no haces combinaciones erróneas, pero entonces, ¿dónde está la diversión? El desafío y la diversión vienen de estirar las reglas, de realizar las combinaciones erróneas de manera exitosa al tiempo que se puede adelgazar y permanecer delgado, y sentirse fantástico.

Observa que dije sentirse fantástico. Recuerda, una combinación errónea no es tan saludable como apegarse a una sola categoría. Al hacer combinaciones erróneas, mucho de la porción correspondiente a carbohidratos no se digiere de manera adecuada y eficiente. Esto significa que tu cuerpo no está cosechando el valor nutricional pleno o el potencial energético de la comida. De hecho, la carga adicional en tu sistema digestivo está haciéndolo más lento.

No obstante, las gloriosas combinaciones erróneas son parte integral de nuestras vidas, hemos demostrado una y otra vez que no podemos vivir sin ellas. Y no tendrás que hacerlo si tienes a la báscula como guía. Experimentarás sin temor a la gordura, y verás simplemente qué tanto puedes hacer (¡más de lo que jamás soñaste posible!).

A propósito, si hoy subiste de peso, no te preocupes: desaparecerá de inmediato. Los siguientes dos días nos ocuparemos de él y de otro poco más. Si mantuviste el mismo peso o perdiste algo, entonces ya estás en marcha y deberías estar viendo verdaderos cambios. Tu cuerpo comenzará a encogerse ante tus propios ojos.

Rápido: corre al espejo y mira tus muslos, dentro de poco delgados.

día 16

CHABACANOS SECOS
PAPAYA
PIÑA

Los chabacanos aportan potasio, la papaya suaviza, la piña quema... En este momento, estas frutas están creando tu pérdida de peso. Más tarde se utilizarán para sostener esa pérdida.

Como recordarás, ayer hice referencia a los antídotos y a los precedentes. Éstos aparecen en las contrapartes correctivas (página 117). Los precedentes son las frutas que debes comer por la mañana del día en el que tendrás una experiencia gastronómica que sabes, o piensas, que será difícil de digerir. Estas frutas te prepararán, en forma enzimática y nutricional, para ayudarte a hacer que las comidas que estás a punto de ingerir sean más digestibles o engorden menos. Las frutas que comiste tres días antes al día abierto con discreción, fueron precedentes. Los antídotos son para el día después de un tipo específico de comida. La piña y la ensalada Mazel que comiste el día posterior al abierto con discreción, fueron antídotos. Observa cómo se dividen en categorías: antes y después de alimentos grasos, cremosos o con queso, proteínas específicas, dulces, comida salada, sobredosis de maxicarbohidratos, incluso comidas especiales y días de fiesta.

En la página 116 encontrarás medidas drásticas después de un desastre dramático en caso de que te vuelvas loco y te retires del programa. No digas que nunca volverás a hacerlo, y no seas demasiado duro contigo mismo si lo haces, y cuando lo hagas. Sólo compréndete y enorgullecete de quién y qué eres. Tú ya sabes que eres especial, eres un "comedor" y, creeme, no tienes nada de qué avergonzarte. Ni siquiera tendrás que cambiar, es decir, tu personalidad. Tu organismo es otra historia.

Al desarrollar el programa de *La nueva dieta de Beverly Hills*, primero para mí misma y luego para mis clientes, me impulsó la fuerza de las emociones. Yo sé que tu corazón está centrado en la comida, y cualquier dieta permanente debe incluir no sólo los alimentos que nutren el cuerpo y sacian el estómago, sino la comida que nutre nuestra alma y sacia nuestro corazón.

A quienes nos encanta comer y vivimos para ello, es decir, los "comedores", nos ubicamos en una categoría especial: a casi todos nosotros, en uno u otro momento, nos han descrito como personas sensibles. Siempre se dice en susurros, como si la sensibilidad fuera mala, algo de lo cual avergonzarse. "Silencio", dicen, "Ten cuidado, ella es muy sensible". La sensibilidad habla de los sentimientos. Significa estar vivo. Los "comedores" sentimos. Para nosotros, la necesidad de comer no proviene de un hambre física, sino de tipo emocional. Nuestros corazones necesitan la nutrición y nuestras almas necesitan ser alimentadas.

Nos tragamos nuestras decepciones, nuestras heridas, nuestra ira y nuestro orgullo. Con demasiada frecuencia, nosotros los "comedores", que tenemos sentimientos, nos los tragamos porque de manera pública, e incluso privada, es la forma más aceptable de tratar de manejarlos.

Comemos cuando estamos entusiasmados o tristes; cuando tenemos muchas cosas que hacer o cuando no tenemos suficientes cosas que hacer. Comemos cuando queremos escapar de la realidad o conectarnos con ella. Cuando una pesadilla nos despierta a mitad de la noche, la comida pone de nuevo la realidad en el centro del escenario.

Comer nos ayuda a preservar nuestra salud mental. Cuando el dolor es demasiado intenso, la comida lo suaviza, o por lo menos eso creemos. Pero eso no es así. Crea un dolor propio. Sólo prolonga la miseria. Pero nosotros lo ocultamos, obsesionados sólo con el placer muy verdadero y transitorio que nos proporcionan la comida y el acto de comer.

Los "comedores" somos personas sensuales, mucho más que quienes no comen. Después de todo, la comida sólo puede describirse como una experiencia altamente sensual. Aunque tal vez no reconozcamos esta característica nuestra, esta energía de vida tiende a aterrorizarnos. La sensualidad es tan intensa, y con frecuencia tan terrorífica, que muchas veces comemos no sólo para satisfacer nuestra necesidad, sino para enmascararla tanto de nosotros mismos como de los demás.

Los "comedores" somos personas de gran energía, creativos y que nos esforzamos. Comemos por frustración, cuando nuestro poder y energía están dispersos y carecen de enfoque. Si no hemos encontrado nuestro camino creativo, nos volvemos hacia la comida. O comemos para "celebrar" o facilitar un logro algo elevado, por lo regular después de un logro, después de que nuestra creatividad se gasta, para llenar el vacío que viene con el logro, el espacio vacío de "¿qué sigue?".

Los "comedores" somos personas con deseos. Y deseamos lo que deseamos cuando lo deseamos, y lo deseamos en ese instante. "Más, más, más... dame más." Demasiado nunca es suficiente. Si algo es bueno, cuanto más mejor. La estrella más cercana nunca es demasiado buena. Necesitamos tener la estrella más lejana. Nunca estamos satisfechos. Para la mayoría de nosotros, si no tenemos lo que queremos ahora mismo, pensamos que el mundo explotará. Los "comedores" no somos personas pacientes.

Somos expertos en el arte de establecer metas poco realistas. Y siempre estamos frustrados, deseando de manera constante.

Dado que comer es una respuesta emocional a una situación emocional, recibimos mensajes poco claros de nuestro organismo. Como la mayoría de nosotros ni siquiera sabemos dónde se encuentra el estómago, no podemos escuchar a nuestras pequeñas células que gritan, "aliméntame, nútreme, es mi turno". En vez de ello, respondemos sólo al corazón. Bueno, no voy a quitar al corazón del estómago; simplemente quiero entrar a tu cabeza para que pienses de verdad respecto a la comida. No tendrás que renunciar a lo que hace que tu vida funcione: la comida. Estás aprendiendo una forma de comer que te permitirá ser tan compulsivo como necesites serlo. No haré que cambies un aspecto de tu personalidad tan inherente como el color de tus ojos. No haré que dejes de comer, sino que comiences a pensar y a sentir.

Como mencioné hace un par de días, cómo te sientes se basa en lo que comes, lisa y llanamente. Pronto, tu cuerpo te dirá lo que necesita, y tú podrás escucharlo. Tu voz delgada comenzará a hablar, y tú escucharás.

Pronto, los hábitos dejarán de dictarte lo que debes comer, lo cual ya no será una respuesta emocional a una situación emocional. El hambre ya no será como un atacante que sale de la oscuridad, dándote un rápido golpe en la nuca. El corazón dirá adelante pero la cabeza dirá no, y tú comenzarás a escuchar a esta última. Continuarás amando la comida y viviendo para comer, pero comenzarás a comer para vivir. Y, a medida que te des cuenta y experimentes la idea de que nada abandonará el planeta, que todo estará allí mañana y al día siguiente, y al día después de este último, para que lo disfrutes, tendrás una sensación para después. Comenzarás a pensar acerca de más tarde, del mañana y a sentirte bien. Así, en esos momentos de locura, cuando todo el infierno se libera y tú eres como un alma poseída, y tu corazón grita "aliméntenme, aliméntenme"; cuando, con un abandono total, sin discriminación, a ti te gustaría desaparecerla con ambas manos, simplemente no serás capaz de ello. Ya no funcionará. Ya no te sentirás bien.

Pero seguirás comiendo. La verdad es que te gustará comer en los "momentos de locura", y está bien. Pero te volverás consciente de un breve momento de claridad a la mitad de "sentirte poseído", un momento en el que tendrás una opción. No es preciso que ésta sea comer o no comer. La opción será no destruirte en el proceso. La comida funcionará para ti sólo si tu lo permites.

Cuando la necesidad de comer lo consume todo, cuando tu corazón grita adelante y tu cabeza grita no, escúchalos a ambos. Se desarrollará una sinergia entre la cabeza y el corazón y, lo más importante, comenzarás a elegir sentirte bien, porque se siente mucho mejor que sentirte mal. Comer y sentirse bien son objetivos del programa de *La nueva dieta de Beverly Hills*. Adelante, vamos allá...

¿Qué más tienes que perder?

día 17

SANDÍA

Bueno, este es otro día de lavado, así que asegúrate de comer mucha sandía de modo que esta pueda hacer realmente su trabajo.

Espero que, para este momento, ya habrás aprendido a llevar contigo siempre tu fruta, en grandes cantidades, sólo por si te da hambre. Si no has empezado a hacerlo, hazlo; es importante. No puedes permitirte ser una víctima. ¿Qué ocurrirá si tienes hambre? Olvídate de eso: ¿qué ocurre con tus sentimientos? Nunca sabrás cuándo se infiltrarán esas emociones y se apoderarán de ti.

Es interesante considerar las formas en que nos preparamos para fracasar, los trucos que utilizamos. Yo los llamo subterfugios sutiles. Ya sabes a qué me refiero: preparar tu comida favorita para la familia en un día de sandías, o llevarle a un amigo enfermo tus chocolates favoritos. ¿Y qué tal cocinar y congelar galletas de navidad en julio? ¿O quedarte de pie a un lado de la mesa de los aperitivos en un coctel? El peor de todos los trucos es tratar de mantener una dieta en secreto.

Lo más triste de todo esto es que ni siquiera nos damos cuenta de hacia dónde nos dirigimos. Ni siquiera nos enteramos de todas las cosas inconscientes que nos hacemos a nosotros mismos y que nos hacen fracasar. Anímate: esta vez no fracasarás porque no te dejaré. Pronto, tú tampoco lo permitirás, no después de reconocer tus propios subterfugios sutiles y cómo evitarlos.

Primero y más importante, nunca te permitas ser víctima. Nunca te prepares para fracasar, quedándote sin lo que necesitas: los alimentos que se supone deberías comer. Siempre cómpralos en grandes cantidades y asegúrate de tener más que suficiente. Si sobra, siempre podrás dividirlo en varias porciones y colocarlas en el congelador.

Nunca sabes cuándo las emociones se infiltrarán y se apoderarán de ti, por eso nunca salgas de tu casa por más de 12 minutos sin comida. Las bolsas para emparedado, los contenedores de plástico y el papel aluminio son inventos maravillosos. Siempre, siempre, siempre lleva contigo una buena cantidad de comida y cuídate mucho de compartirla. Todos querrán comer de la comida que llevas, en especial en los días de uvas. No lo permitas. Tu generosidad puede meterte en problemas. ¿Qué ocurrirá si te quedas sin uvas?

Lo repito: una de las peores cosas que puedes hacer es mantener tu dieta en secreto. Por favor, no puedo ser demasiado enfática en esto, debes hablar acerca de tu dieta. Dile al mundo lo que estás haciendo. Confía en mí, a nadie le sorprenderá, ciertamente ahora que los demás ya lo observaron. Las sandías y papayas no han sido exactamente discretas, pero nadie tiene un cuerpo más esbelto que tú.

Adelgazar requiere desarrollar un sistema de apoyo activo y vivo, uno que puedas llamar propio. No puedes hacerlo solo. Nadie puede; todos necesitamos cierta ayuda. Sí, incluso tú. Por eso no te avergüences de pedirla. Sólo desarrollarás tu voz flaca si la utilizas. Por ello, si sientes que flaqueas, no te avergüences de pedir ayuda. Dile a alguien cómo te sientes. Permite que los demás te ayuden. Yo aún lo hago.

Con el tiempo será posible abandonar la imagen de gordura y la conciencia de la obesidad. Vendrán al saber que la persona delgada en la que te estás convirtiendo está allí para quedarse, porque tu forma de comer lo garantiza, te permite recurrir a la comida (incluso hacia la comida engordadora que te encanta) en tus momentos de locura sin que se vuelva en tu contra.

Tú puedes ser tu peor enemigo. Si esperas ser perfecto, nunca más echarlo a perder de nuevo, comer sólo los llamados alimentos "seguros", te estarás preparando para fracasar.

A ti te encanta comer, vives para ello y esto te ha estado matando. Lo anterior era un conflicto que, hasta *La nueva dieta de Beverly Hills,* habías sido incapaz de resolver. ¿Cómo comer y permanecer delgado?

Así, lo has estado ocultando. Has estado contrabandeando comida y te has negado la posibilidad de disfrutarla en la ansiedad de agradarte a ti mismo y a quienes están a tu alrededor, y de no ser desagradable. Esta constante negación de lo que eres sólo te ha hecho ser lo que no quieres: ¡gordo!

¿Por qué tratar de cerrar la boca de un "comedor"? Utilízala y acéptalo. Una vez que te hayas dado permiso de comer, tu amor por la comida no te lastimará nunca más. Recuperarás el control.

Las personas delgadas tienen permiso de comer felizmente, lo mismo que tú. La culpa ha estado trabajando en tu contra. La culpa es una emoción del corazón. El disfrute es una emoción del intelecto. La conciencia de la gordura se sobrecarga con la culpa, cargada con remordimientos y "si tan sólo..." y "mañana...". La gordura proviene del corazón, la esbeltez de la cabeza.

Nadie espera que seas perfecto en tu conducta alimenticia, nadie, excepto tú. Por eso deja de vivir en lo negativo. Simplemente relájate y, en el proceso de convertirte en una persona delgada, aprenderás qué te hizo gordo. Si te equivocas, no acumules más culpas sobre ti mismo. Acentúa tus cualidades positivas. Acentúa las veces en las que resististe la tentación.

Si cometiste un error, qué importa. Piensa en todas las veces que no lo cometiste. No te quedes en lo negativo. Deja de interferir con tu proceso de desarrollo natural, en tu transformación a un combinador consciente y a un flaco. Deja de juzgarse y esperar demasiado de ti mismo; esto tomará tiempo. No engordaste en un solo día, entonces ¿por qué esperarías adelgazar en uno solo? Si fuera así de fácil, si hubiera algo de magia, algún milagro, te juro que, para este momento, ya habría sido descubierto.

El único milagro que existe en la pérdida de peso es encontrar una disciplina, una forma de comer a la cual puedas apegarte y con la que ya cuentas: el programa de *La nueva dieta de Beverly Hills.*

La píldora mágica no ha sido descubierta. Más bien, la magia se encuentra en el corazón. Está en tu voz flaca que espera ser alimentada y liberada para siempre, y tú lo estás haciendo; ese es el milagro.

día 18

HIGOS
POSTRE DE TU ELECCIÓN
CARNE O PROTEÍNAS

Si las personas aún no se dan cuenta de que has perdido peso, quizá lo hagan hoy. Como predije, estos últimos tres días fueron verdaderos ganadores, ¿o debería decir perdedores?

Además de todos los elogios que recibirás, este día te tiene preparado otro agasajo: ¡una comida que consiste en puros postres! Es decir, dos porciones normales de cualquier postre que se le antoje. ¿Qué es una porción normal? Las que se sirven en un restaurante son una buena guía, pero tú decidirás cuándo es suficiente. Recuerda, no quieres ganar peso y no deberías hacerlo por dos razones: la forma en que la comida fue planeada hoy y la discreción que utilizarás... ¡cuando no comes como un cerdo!

Un consejo: a menos que tu postre favorito sea una combinación errónea como un pastel a la moda, trata de mantener todas tus elecciones en la misma categoría: todas en proteínas o todas en carbohidratos. Serán más fáciles de digerir. Los postres, como estoy segura que habrá sobservado, también aparecen en la gráfica de grupos alimenticios (páginas 118 y 119).

No es necesario sentarse y comer ambos postres a la vez. Podrás estirarlos el tiempo que desees. Si no te gustan los postres, simplemente cámbialos por tu emparedado favorito.

Por fortuna para mí, nunca he sido fanática de los postres. Espero que cuando comiences a comerlos en forma aislada, sin otras comidas, también empezarás a observar sus efectos colaterales negativos. Al principio, el azúcar (que es némesis de cualquier persona a dieta) es muy estimulante, pero en un lapso muy breve tiene el efecto opuesto y provoca depresión y fatiga. La mejor manera de disfrutar de los postres, sin que ellos te disfruten a ti, consiste en comerlos solos, tal como lo haces hoy. No se me ocurre nada más engordador que un postre atrapado. Sólo piensa en todas esas calorías concentradas, esperando y amargándose, desesperadas por liberarse y convertirse en energía; en vez de ello, se vuelven grasa. Si tomas postres después de una comida, la única forma segura de hacerlo es combinarlos de la manera adecuada. Las páginas de los grupos de alimentos serán tu salvación.

Es irónico que, por lo general, quienes se quejan de ser demasiado delgados son grandes comedores de dulces. La diferencia entre tú y ellos es que ellos comen dulces en lugar de, no después de, la comida real. La digestión rápida y no inhibida del azúcar acelera su metabolismo. No es una forma muy saludable de permanecer delgado.

Los higos esta mañana pueden ser frescos si es temporada, pero en términos estrictamente nutricionales, los higos secos serían mejores (asegúrate de que estén libres de azufre y de sorbato de potasio). No olvides esperar al menos dos horas después de haber comido el último y antes de comenzar los postres.

La comida de carne o proteínas de esta noche se seleccionó por dos razones. Si tu elección de postres fue proteínica, es decir, helados, pastel de queso, yogur o uno de los otros postres de proteínas, entonces interviene la regla de proteína después de proteína. Otra razón igual de importante para elegir proteínas es que recuperarán el equilibrio de la cantidad y calidad de la energía. El azúcar tiene el potencial de deformar la energía como ninguna otra cosa puede hacerlo, además de poseer una cualidad adictiva. Cuanto más comas, más querrás, de modo que si no lo cortas de raíz comiendo algo para contrarrestar ese deseo, te verás atrapado en un viaje de azúcares y cada vez querrás más. La carne roja es el equilibrio perfecto. Detiene en seco ese deseo desesperado por el azúcar. Pero si no comes carne, sustitúyela por otras proteínas.

Desde el punto de vista enzimático, lo mejor para ti sería tomar la carne en una sola sentada, por ejemplo la cena; pero si después tienes hambre, podrás comer más. Y para cerrar todo eso, ¿por qué no tomar algo de champaña hoy por la noche, si deseas brindar por el hecho de que has estado a dieta durante 18 días y no has hecho trampa ni una sola vez... o sí? Muy bien, lo hiciste.

Relájate, te dije que está bien, nadie espera que seas perfecto, por eso no seas demasiado duro contigo mismo. Cambiarás, ya lo verás, ahora que te estás dando cuenta de que si lo planeas, nada engorda. Y como puedes planearlo todo, por qué deberías hacer trampa... bueno, podrías, y dado que es una probable eventualidad, hablemos de cómo proceder si lo haces.

Como sabes, en el programa de cinco semanas de *La nueva dieta de Beverly Hills*, a cada día le sigue otro por una razón enzimática muy específica: complementar, aumentar o embellecer los procesos que ya se encuentran en marcha. Si debieras dividir y hacer trampa, no continúes con la dieta como se prescribió. En vez de ello, remítete a las medidas drásticas después de un desastre dramático (página 116). Sigue el plan, tomando en cuenta el tipo de error que cometiste y el peso que ganaste. Una vez que hayas completado ese plan, regresa y toma la dieta en el punto donde la dejaste. Obviamente, si no haces trampa, es más rápido, fácil y divertido.

Pero si la haces, no olvides que la belleza de esta nueva forma de comer ya te tomó en cuenta y te proporciona protección contra ello; y si lo echaste a perder, siempre habrá algo que puedas comer, que te hará sentir mejor y aminorar el golpe. Éste es uno de los milagros de esta dieta. Toma en cuenta al ser humano que se encuentra dentro de cada uno de nosotros.

Y como sólo eres un ser humano, repito: no te sientas culpable. No es más que una pérdida de tiempo y sólo perpetuará tu conciencia negativa por la obesidad. Además, nunca es demasiado tarde para retomar las cosas donde las dejaste, incluso después de haber metido la pata. No es la primera vez que has hecho trampa y tampoco será la última. Entonces, ¿a quién tratas de engañar?

Todos nos volvemos locos. Recuerda, los "comedores" tenemos sentimientos. Lo sabemos. Pero existe ese momento de claridad en el que podemos comenzar de nuevo a hacer elecciones conscientes: levantarnos, desempolvarnos y comenzar todo de nuevo. Es fácil, porque el programa de *La nueva dieta de Beverly Hills* no es como otros. Dado que no hay "nuncas", estar de nuevo a dieta no significa que nunca más podrás tomar los alimentos que te encantan, por eso en realidad no tendrás una verdadera razón para no portarte bien. Con tu antigua conciencia por la obesidad, cuando emprendías las otras dietas y metías la pata, nunca tomarías esos alimentos que te golpearon, por lo cual muy bien podrías atiborrarte de ellos. Lo que comienza como una indiscreción menor se convierte en la "última cena". De pronto, tres pasteles de chocolate se expanden a una hamburguesa con todo y a un helado con betún de chocolate, y antes de que te des cuenta, ya estarás tratando de atiborrar toda una vida de comida en un solo momento.

Como en mi dieta no hay alimentos que nunca más hay que tomar, ¿por qué hartarse de ellos?

A propósito, quedarte sin comida o no tenerla contigo es la razón por la que muchas personas hacen trampa. Por eso, repito lo que dije ayer: siempre debes estar preparado, siempre.

Quizá también tengas que preparar una respuesta cuando alguien te pregunte lo inevitable: "¿Oye, qué no estabas gordo?".

día 19

MANGO O PAPAYA
PIÑA
ALCACHOFAS, ESPÁRRAGOS O PAPAS
EN CUALQUIER ESTILO

Si te estás cansando de los días de doble fruta y de pura fruta, simplemente ten paciencia; te prometo que no durarán para siempre. Una vez que hayas perdido el peso y que estés en la fase de mantenimiento, sólo necesitarás comer fruta para comenzar el día. Podrás comer tus alimentos regulares el resto del tiempo.

Si te quedas con los carbohidratos, tendrás muchas opciones para cenar. Podrás comer cualquier cosa excepto fruta que como ya sabes, nunca debe comerse después de otra cosa. Después de los carbohidratos podrás tomar más carbohidratos o cambiarte a las proteínas, o bien... podrías tener una combinación equivocada.

No eres el único si crees y descubres que es difícil de entender la idea de tomar comidas de puros carbohidratos o de puras proteínas. Ve algunos ejemplos en la sección jugando limpio (páginas 120 y 121). Cuando comprendas lo que va con cada cosa, descubrirás que estas comidas son fáciles y divertidas, en especial el día posterior al que comiste mucho y que no ganaste ni un solo gramo.

Desde el punto de vista ideal, siempre que sea posible, evita las combinaciones erróneas. Si juegas limpio y obedeces las reglas de la combinación, no volverás a ganar peso.

Evitar las combinaciones erróneas no es tan poco apetitoso como pudiera parecer. Por ejemplo, la cena de hoy no suena como una comida de dieta: alcachofas en mantequilla, mayonesa o aderezo Mazel; espárragos y papas en cualquier estilo (horneadas, doradas, en puré, a la francesa). Así, come mangos y papayas hasta que te aburras, espera una hora antes de cambiar a la piña, luego espera dos horas antes de comenzar tu cena de carbohidratos abiertos. Como te dije, apegarse a las categorías y no hacer combinaciones erróneas puede ser divertido, ya sea en casa, en un restaurante o incluso en un buffet con champaña.

Ciertamente, el hogar es el lugar más fácil para practicar la combinación adecuada. Tienes el control total y existen combinaciones en alguna de las categorías que no se han mencionado y que podrían ser tan tentadoras y satisfactorias como muchas de las combinaciones erróneas que te encantan. No se trata de que debas renunciar a todo ello, sino sólo que no podrás comerlas todo el tiempo. No podrás seguir comiendo como antes, o continuarás luciendo como lo hacías. Obviamente, tendrás que renunciar a algo. Aunque no lo harás con las combinaciones erróneas, debes realizarlas con discreción. Estarás escogiendo y eligiendo las ocasiones, y el resto del tiempo combinarás de manera consciente. Pensarás en la comida cuando no sea importante, de modo que no pensarás en ella cuando sí lo sea.

Estoy segura de que, para este momento, quizá tengas algunas preguntas. Espero que todas se respondan en estos 35 días. Si eres impaciente y no quieres esperar, no titubees en visitar mi página en internet y pregúntame allí: http://www.cyberskinny.com.

Quizá tu pregunta sea una de las que se hacen con más frecuencia.

P. Acabo de experimentar una intervención quirúrgica. ¿Puedo seguir comiendo así?

R. Consulta a tu médico, pero no puedo imaginar que tenga alguna objeción.

P. Acabo de descubrir que estoy embarazada. ¿Tengo que cambiar mi dieta?

R. Una vez más, consulta a tu médico. Recuerda que tus

necesidades nutricionales cambian y que tu médico es la autoridad.

P. ¿Qué tan nutritivo es hacer una comida exclusivamente de donas o pastel de queso, en vez de tomarlas como postre?

R. De ningún modo es nutritivo, pero si los comes con otros alimentos, quedarán atrapados. Cuando los tomas solos, eso no ocurrirá.

P. ¿Alguna vez ganaste peso, Judy?

R. Por supuesto, mi peso cambia como el de cualquier otra persona, y a veces incluso tomo alimentos a sabiendas que me provocarán un aumento de peso, pero sé que la fruta que coma por la mañana digerirá y eliminará todos esos kilos no deseados.

P. ¿No echas de menos una comida verdadera?

R. No, las hago con la frecuencia que deseo, y tú también podrás hacerlas; si sigues las reglas que has estado aprendiendo, esas "comidas reales" no te harán engordar.

P. ¿Qué hago si recupero mi peso?

R. No lo harás a menos, por supuesto, que descalifiques todas las reglas y arrojes toda la cautela al viento. Pero si lo haces, simplemente reagrúpate, desempólvate, permanece desnuda enfrente del espejo, toma este libro y comienza de nuevo desde el día 1.

día 20

KIWI
ABIERTO CON DISCRECIÓN
PROTEÍNAS

Este día es una gran prueba... ¿He sido buena maestra? ¿Qué tanto has aprendido de ti mismo y de la combinación consciente?

Si no te fue muy bien en tu último día abierto, no te preocupes; esta vez será mejor. La experiencia es el mejor maestro. Confía en mí, estás desarrollando una nueva conciencia y hoy la probarás. Aprendiste de tus errores. Ahora que puedes comer cualquier cosa, descubrirás que no tienes que ingerirlo todo. Observa, ya lo verás. Este día realmente comenzarás a hacer elecciones. Pero sin importar qué ocurra en cuanto al peso, todo será atendido. He programado tus próximos días para tomar en cuenta cualquier cosa que hoy ocurra, por eso veremos cómo lo manejas, y a partir de allí arrancaremos.

Debe ser clara la razón por la que se programa una cena de proteínas después de un almuerzo abierto; es decir, la regla de las proteínas: una vez que las hayas tomado, es preciso que la siguiente comida sea sólo de proteínas, o al menos en su mayor parte.

Para quienes pesaron lo mismo, o menos, después de la primera comida abierta con discreción, ésta deberá ser especialmente divertida. Ahora tu yo flaco puede tomar el control de verdad. Escucha hoy mismo tu pequeña voz flaca a medida que apagas la voz de la gordura. Este día es muy especial, por eso selecciona uno de tus alimentos favoritos para el almuerzo, algo que nunca te darías permiso de comer excepto cuando te vuelves loco. Aunque ya te lo he dicho, vale la pena repetirlo. Hay muchas más cosas que comer de lo que llega a la boca, y mucho más comida de la que llega al estómago. Te volverás una persona delgada al hacerlo: al confrontar, reconocer y dejar ir a la persona gorda. Bueno, "persona gorda", es momento de dejar de perpetuar la conciencia de gordura mediante la privación.

La privación es la principal razón por la cual siempre has roto las dietas en el pasado y por la que siempre has recuperado el peso perdido. Cuando vives en una irrealidad, privándote de todos tus platillos favoritos, te harás cada vez más consciente y resentido de las dietas. Tus platillos favoritos son las excepciones, pero en vez de permitirles ser excepcionales, en vez de consumirlos con placer, te dedicas a consumirlos con dolor. Al nunca permitirte disfrutarlos, ni darte permiso de ingerirlos de manera abierta y dichosa, regresas a ellas en forma ilícita y las empleas como un sustituto emocional, tomándolas cuando menos puedes disfrutarlas. Como ya mencioné, los "comedores" somos personas sensibles, y comer nos ayuda a dejar de sentir. Cuando comemos porque sentimos, no probamos las cosas. A menos, por supuesto, que se trate del amargo regusto de la culpa y recriminación por haber echado a perder la dieta.

Por supuesto, no esperamos que dejes de comer durante un momento emocional, pero si sigues las reglas de la combinación consciente y te apegas a las categorías, eso no te hará daño.

El truco consiste en dejar de convertir tus "dadores de placer" en aliviadores de dolor... dejar de volverte a tus platillos favoritos cuando estás tan atrapado en las emociones que ni siquiera puedes probarlas, cuando en realidad no importa lo que estés comiendo mientras lo hagas, cuando nada de lo que sepa bien lo hará, cuando todo lo que necesitas hacer es sólo tragarte tus sentimientos y diluir las emociones del momento. Ahora bien, en este momento, cuando pienses en tu suegra o en la crisis laboral, en el divorcio o en la basura derramada, no recurrirás al helado.

Puedes tomar todos tus platillos favoritos a la clara luz del día, con permiso y sin miedo. Al eliminar la culpa, te proporcionarán placer en vez de aliviarte el dolor. Pero debes estar preparado para algunas sorpresas. Tal vez descubras que, una vez que estás comiendo tanto con la mente como con el corazón, no te gustará el sabor de gran parte de tus platillos favoritos especiales ni cómo te hacen sentir. Y aun más sorprendente será cuando te permitas experimentar el momento emocional sin la comida que siempre te distrae, dicho momento ganará con claridad. Cuando de verdad puedas experimentar el momento y la emoción, también gozarás la comida.

Así, disfruta de tu almuerzo y de tu nueva vida en el carril de los delgados.

día 21

PIÑA
DOS PLÁTANOS

Soy una "comedora", lisa y llanamente, y estoy orgullosa de admitirlo. Lo he aceptado y reconocido. Me he rendido, me he dado por vencida, he renunciado a la delgadez, y he dejado que la comida y los alimentos se vuelvan algo positivo. He aprendido a hacerlos trabajar para mí, y tú puedes hacer lo mismo.

Soy delgada, pero sólo porque tengo mi técnica de la combinación consciente. No soy una de esas personas flacas naturales que pueden comer de todo y nunca aumentar de peso. No piensan en la comida del modo que yo lo hago, no les importa como a mí y como a ti. La comida no tiene por qué hacernos engordar. Te prometo que si sigues las técnicas del programa de *La nueva dieta de Beverly Hills,* si integras con firmeza esta nueva conciencia en tu alma, si de verdad crees que si no lo tienes ahora podrás tenerlo más tarde, y si no es más tarde, será mañana porque nada saldrá de este planeta, perderás peso y te mantendrás delgado.

Cuando de verdad crees que comer ya no es un evento de ahora o nunca, cuando te das cuenta de que tienes permiso para comer papas fritas siempre que lo desees, no sólo cuando estés deprimido, te convertirás en un flaco renacido.

Has avanzado un largo trecho en sólo 21 días (21, la edad de la razón). Y con cada día que pasa, la combinación consciente y la delgadez se incrustan con mayor profundidad en tu vida. Me ocurrió a mí y te ocurrirá a ti. Estás en camino de llegar allí, y creo que lo sabes por ahora.

P.D.: ¿Por qué no tratas de hornear tus plátanos esta noche? te encantarán... del mismo modo que te encantará el nuevo tú.

día 22

UVAS O CEREZAS
UN AGASAJO ESPECIAL A LA HORA DE IR A LA CAMA

Este día podrás elegir entre uvas o cerezas, y si los dulces de chocolate o las galletas son tu delirio, podrás comer dos o tres antes de acostarte.

¿Mencionaste que tu báscula se ha vuelto un poco loca... sube un día, baja al siguiente? No te preocupes. Por lo regular ocurre. Ya sé que es frustrante, pero así es, y no es más que otro caso en el que una báscula es muy útil. Nos hace confrontar nuestra frustración y manejarla sin necesidad de comer.

Sé que he hablado mucho de "comedores" y de sentimientos. Piensa en todas las veces que te tragaste su frustración, tu tristeza o tu ira, comiendo. ¿Alguna vez dejarás de comer como respuesta a tus sentimientos? ¿Alguna vez la comida dejará de representar el amor o la comodidad? ¿Alguna vez te gustaría ser una de esas personas naturalmente delgadas que dice que están satisfechas cuando la mitad de la comida sigue en el plato o, aún mejor, de los flacos que se comen todo y que luego presumen que ni siquiera suben un gramo? Tal vez no. Como dije ayer, no somos como ellos.

Demos un vistazo más de cerca de las personas naturalmente delgadas. Hay diversidad en ellos. Por ejemplo, los delgados que pueden comérselo todo. Podrían comer mucho en una sola sentada, pero eso es todo. Ellos comen alimentos, y entre comidas rara vez toman algún bocadillo o un trozo de otra cosa. Nunca los sorprenderás comiéndose un trozo de caramelo en la lavandería, o un yogur congelado a las cuatro de la tarde. Toman tres comidas al día y eso es todo. ¿Puedes hacerlo tú?

Luego están los flacos que pueden detenerse después de algunos bocados y decir que están satisfechos. No los envidies, compadécelos. Piensa en todo lo que se están perdiendo. Cuando la comida está en su boca, su corazón no canta y su alma no se eleva. Su boca no es como la de un "comedor", que es como las teclas de un piano bien afinando. Cada bocado hace sonar una nota distinta, y sólo nos sentimos contentos cuando tocan en armonía. La música continúa y la melodía se vuelve interminable. Pero el inconveniente es que, mientras la tonada sigue adelante, en tanto puedas seguir comiendo una gran variedad de alimentos, mientras haya comida en la boca, tu estómago no sabrá cuándo ha sido suficiente. Una vez que la boca está conectada, el estómago se desconecta.

Como la mayoría de los "comedores", mi capacidad es sorprendente. En tanto sepa bien, seguiré comiendo. Cuando mi estómago está lleno, por lo general ni siquiera estoy consciente de ello. El entusiasmo de los distintos sabores y texturas en mi boca supera cualquier mensaje que mi estómago pudiera enviarme. En lo que a mí concierne, una de las mayores alegrías del mundo consiste en sentarme a la mesa con la familia o los amigos, comiendo y hablando, comiendo y riendo, comiendo y planeando, comiendo, comiendo, comiendo. Mientras los platillos sigan allí, seguiré comiéndolos.

Es sorprendente lo que ocurre cuando el estómago ha tenido demasiado. Cuando ha ingerido más de lo que puede manejar, el cuerpo simplemente se expande para acomodarlo. Bueno, quizá lo simplifique un poco, ¿pero qué piensas que significa ponerse gordo?

Cuando desarrollé por primera vez mi estilo de comida, la combinación consciente, descubrí que los beneficios de la monocomida (un solo alimento) eran dramáticos tanto en lo psicológico como en lo fisiológico. Aprendí cuándo era suficiente. Aunque no me transformaba exactamente en un comedor pequeño, me mostró cómo detenerme antes de infligirme algún daño, cómo no comer más de lo que mi cuerpo pudiera manejar. En otras palabras, aprendí a comer tanto como pudiera sin ganar un solo gramo.

Cuando se come una sola cosa a la vez, tarde o temprano deja de saber bien. Sin importar lo rápido que lata el corazón en el primer bocado, o de la violencia con que palpiten las pupilas gustativas después del primer bocado, tarde o temprano incluso una trufa de chocolate blanco dejará de saber bien. Tarde o temprano, las papilas gustativas se aburren e incluso el sabor más apasionante dejará de ser una amenaza.

De manera ideal, estaría mucho mejor si mi estómago dijera "es suficiente" en vez de que lo hiciera mi boca, pero no lo hace; al menos no sin luchar. Francamente, estoy harta de luchar. Pasé los primeros 29 años de mi vida tratando con este aspecto compulsivo de mi personalidad, la parte de mí que dice que si algo es bueno, más será mejor, y que demasiado no es suficiente.

Ahora, en vez de luchar contra ello, lo acepto. Vivo con ello y lo hago trabajar para mí. Como hasta que mi corazón esté contento y nunca me sobrepaso. Puedo satisfacer mis necesidades de sentirme de verdad llena. Nunca me quedo con hambre ni paso privaciones. La combinación consciente y, en particular, las monocomidas, han sido mi tabla de salvación. Me han permitido comer para aportar a mi corazón el potencial pleno de alegría.

Ahora, lo que te pediré hacer supone un desafío triple. Primero, adquirirás sensibilidad al gusto. Aprenderás qué tan llenas de sentimientos están tus papilas gustativas. Segundo, reconocerás a tu estómago. Experimentarás cuándo es suficiente. Y tercero, ¡dejarás de luchar!

En tu siguiente comida abierta, programa un platillo específico que signifique más que tu propia vida, ya sea suflé de chocolate, costillas a la parrilla, pato asado o papas fritas estilo Maui. Prepara un entorno adecuado, de modo que puedas comer lo que hayas elegido de manera abierta y sin motivo, sin culpas, sin miedo, por puro placer y con permiso. Es importante que te cerciores de tener mucho más de lo que piensas que querrás, o que te hubieras imaginado comer. Así no te preocuparás por no tener lo suficiente.

La idea no implica ver qué tanto puedes obtener en un lapso breve, sino cuánto tiempo puedes hacer que dure el gusto.

Primero experimenta la textura, el sabor, el olor, cómo te sientes tanto tú mismo como la comida. Debes estar consciente de la manera en que se siente tu platillo favorito cuando llega por primera vez a la boca, cómo se animan las papilas gustativas y qué le ocurre a tu lengua. Luego experimenta lenta y sensualmente tu fantasía alimenticia, bocado a bocado. Sintoniza el estómago y trata de identificar el preciso instante anterior a sentirse lleno. Sintoniza tu respuesta y se consciente. A medida que comiences a sentirse lleno observarás que la comida ya no sabe de manera tan maravillosa como el primer bocado. Cuanto más satisfecho quedes, menos apasionante será el sabor.

Es posible que la primera vez que hagas este ejercicio descubras que has comido más de lo que tu estómago te pidió. Pero no te preocupes, estoy segura de que no habrá daños permanentes. Por el contrario, aprenderás haciendo las cosas. ¿Cómo sabrás que es suficiente si no lo experimentas y te detienes mientras tiene la opción?

Repite este ejercicio al menos tres veces con diferentes platillos. Luego, uno por uno, inténtalo con tus favoritos. Antes de darte cuenta, todas las experiencias culinarias elevarán su alma. Comprenderás la forma en que la comida te hace sentir, reaccionarás a estar lleno y comer en exceso será un trauma del pasado. Habrás tomado la decisión de nunca más estar gordo. Así, simplemente, disfruta tu día y tu imagen en el espejo.

P.D.: ¡Tu parte delgada ya luce!

día 23

CIRUELAS PASA
EMPAREDADO DE TU ELECCIÓN
PLATO DE PESCADOR O PROTEÍNAS

¿Ya decidiste qué tipo de emparedado comerás? ¿Qué tal *corned beef* en pan de centeno, atún en pan integral, o uno tostado de pimientos, cebolla a la parrilla, jitomate y champiñones? ¿Qué tal una hamburguesa con queso y tocino y todos los aderezos? Es importante que la elección de este día sea el emparedado de tus sueños en el lugar de tus sueños; nada menor a ellos será suficiente. ¿Por qué crees que te di el ejercicio de gusto ayer para tu siguiente comida abierta? Sabía que llegaría este día, así lo planeé. Por eso, relájate y disfrútalo... la comida y el ejercicio.

Ahora bien, acerca de la noche, quizá te preguntes: "¿Qué es un plato de pescador?".

Bueno, eso lo decides tú. Podrás probar tres tipos distintos de pescado, cocinados a tu gusto. Langosta hervida, ostiones en su concha, camarón frito, lenguado al horno... podría seguir adelante pero ya entendiste la idea. Si te gusta el pescado con papas fritas, olvídate de estas (evita los carbohidratos después de un almuerzo de proteínas), pero el pescado frito (rebozado y todo lo demás) está bien.

Una vez más, si tienes problemas para decidir cuándo es suficiente y necesitas ayuda para ejercitar el control de las cantidades, simplemente recuerda que puedes comer todo lo que quieras en otra ocasión. No saldrá del planeta. Aún mejor, en vez de depender de ti mismo, ¿por qué no te llevas algo contigo? De hecho, por qué no llevas contigo tres porciones, pero no todas a la vez.

Ha llegado el momento de probar que eres digno de ser llamado flaco. Un flaco puede comer, disfrutar y no excederse. No una ni dos veces, sino con frecuencia y en forma consistente; sin ganar ni un gramo. Veamos cómo lo haces: tienes tres oportunidades.

La primera vez, selecciona a un flaco natural como compañero de comida, alguien que ingiera cantidades moderadas y que deje la comida en el plato, y equipáratee con él, bocado por bocado, ni más ni menos.

Para tu segunda salida, come con alguien que tenga cierta conciencia de obesidad, alguien cuyo único concepto del mañana sea hacer que esta noche sea la última cena. Come codo con codo con el comedor compulsivo y demuéstrate que sigues la dieta de Beverly Hills, un verdadero flaco. Demuéstralo al no seguir a esta persona. Permítele comer como un cerdo mientras tú no lo haces. Trate de recordar y recrear la vez que comiste con el flaco natural.

Ahora bien, para la tercera salida (que pudiera ser la más difícil), come con alguien delgado que come como gordo. Todos conocemos y envidiamos a esa clase de personas, el tipo que lo devora todo, presume lo mucho que puede comer y nunca ganar peso. El tipo que nos superaba al comer incluso en nuestros antiguos días de gordura, aquellos acerca de los cuales siempre dijimos, "bueno, si ellos pueden hacerlo, yo también". Y tú lo probaste, sólo que ellos permanecieron delgados pero tú engordaste. Recuerda, no puedes equipararse con ellos bocado a bocado, por eso ni siquiera lo intentes. Simplemente haz lo tuyo. Una vez más, piensa de nuevo en el flaco natural; luego, pon una mano en el tenedor y la otra en los ahora prominentes huesos de las caderas, y come de la manera que lo haría un ser humano.

Esto es sólo el principio. De hecho, llamémoslo "la primera cena", porque si puedes pasar vez a través de estas pruebas y luego haber tenido éxito al cultivar tu pequeña voz flaca al máximo, nunca más estarás gordo.

día 24

PIÑA
PAPAYA
PIÑA

Bueno, Roma no se hizo en un día, y tú no adelgazarás de la noche a la mañana. Si te quedaste atrapado por algo salado o comiste hasta perder la conciencia, no te preocupes, mañana será otro día. Repito, nadie espera que seas perfecto. Si lo fueras, entonces no necesitarías el programa de *La nueva dieta de Beverly Hills*. Sólo espero que parte de esto esté penetrando en tu mente, que ya no estés comiendo con abandono y atrapado en esa mentalidad de "comer hasta saciarse". No lo haces, ¿cierto? ¿O sí? ¡No lo creo!

Tarde o temprano lo entenderás. Si no lo tuvieras en tu interior, no podrías seguir adelante conmigo y con esta dieta hasta este momento.

Ahora bien, escuchemos a quienes comieron hasta saciarse ayer y que hoy no lo están haciendo. Su peso es el mismo o bien menor. ¡Ustedes se merecen un aplauso! Apuesto que apenas pueden escuchar su voz gorda de nuevo. Una palabra de advertencia: no estén demasiado seguros de sí mismos, o de lo contrario se meterán en verdaderos problemas. Hagan oídos sordos a la voz gorda que dice "ahora que estoy flaco puedo comer todo lo que quiera". No puedes, por eso ni siquiera lo intentes.

La pregunta que a menudo me hacen es, "¿cuándo vuelva a comer normalmente, recuperaré todo el peso que he perdido?". Mi respuesta es, "si vuelves a comer tal como acostumbrabas, entonces ¡volverás a verte igual que antes!". Lamento desilusionarte, pero siempre deberás recordar tu procedencia. Aunque te vuelvas delgado, lo cual ocurrirá, y si permaneces así, que también ocurrirá, siempre serás una persona gorda porque, por desgracia, las células obesas no desaparecerán. Simplemente se encogerán y permanecerán allí, en espera de brotar de nuevo a la más ligera provocación.

Creeme, permanecer delgado es mäs difícil que adelgazar porque se pierde el impulso. Una vez que adelgaces, tu cuerpo no te avergonzará ni te permitirá sentirte humillado. No tendrás el recordatorio constante de esa gordura obvia para que el mundo lo vea. Además, cualquier apoyo y aliento que hubieras recibido se detendrá con el tiempo y los resultados. Más bien, ahora todos dicen, "vamos, mírate en el espejo, ya no tienes que estar a dieta. Ya estás muy delgado...". Como si no fueras la persona que alguna vez fuiste, como si todas esas pequeñas células obesas no estuvieran preparadas y listas para atacarte de nuevo sin previo aviso.

A todos nos ocurre algo divertido cuando perdemos peso. Jugamos a "puedo comer todo lo que quiera. Estoy delgado ahora. No tengo que pensar más en la comida o en comer". El problema es que sí es necesario pensarlo, dos y hasta tres veces, y eso te separa de los flacos naturales. Piensas mucho en la comida. Si *La nueva dieta de Beverly Hills* no es la primera que sigues, se debe a que cada vez que has perdido peso pensaste "esta vez puedo salir bien", y regresaste, por lo menos en su mayor parte, a tus antiguos hábitos alimenticios. Bueno, no puedes librarte de ello. Tu antigua forma de comer no funcionará; y es por eso que estabas gordo. Entonces, olvídatee de ello. Renuncia, ríndete y cede a lo "flaco". Yo lo hice, y no es demasiado importante. ¿Qué tan terrible puede ser no combinar mal las comidas? Mi almuerzo favorito en un restaurante en Beverly Hills: pasteles de papa y papas a la francesa con ensalada de col, y pan de centeno y mantequilla ¡no es exactamente lo que llamarías pasarlo mal!

Por supuesto, es tentador comer del modo que lo hacen los no "comedores". Al principio siempre tienes que estar alerta, recordar a menudo a esa persona gorda que hay en tu interior y hacer oídos sordos a los amigos bien intencionados que te muestran el tenedor de la tentación y te animan. Confía en mí, muchos de estos amigos actúan motivados por los celos. Los gordos sólo desearían tener tu fortaleza y los delgados no te quieren como competidor. Así que hoy, a menos que sean piñas y papayas, pasa todo por alto.

día 25

SANDÍA

No existen dos cuerpos que puedan manejar la comida exactamente de la misma manera, pero las leyes físicas básicas que rigen el cuerpo humano son iguales para todos. Como ya mencioné, no siempre que realices combinaciones erróneas ganarás peso; si fuera el caso, ya pesarías una tonelada.

¿Cómo mantendrás tu nuevo peso? ¿Cómo determinas cuánto puedes comer sin recuperar el peso perdido? La capacidad que tiene cualquier persona de expandir las reglas de la combinación consciente es distinta. El factor más importante es la relación con la comida y el papel que desempeña en tu vida.

Cuanto más importante sea para ti la comida, más energía y poder te usurpará y menos posibilidades tendrás de salir impune de una transgresión. Por ejemplo, yo me la paso muy bien con muy pocas de ellas. Pero quienes encajan en la categoría de "gordo social" y no guardan demasiado apego a la comida, desde el punto de vista emocional, podrán salir bien librados de más transgresiones que el resto de nosotros.

Mantener el peso significa experimentar sin miedo. Lo peor que puede ocurrir es ganar uno o dos kilos, y esa es una parte necesaria de tu proceso de aprendizaje. Descubrirás que, para tu organismo, algunas comidas son más difíciles de digerir que otras. El objetivo del mantenimiento es ver qué funciona y qué no funciona para ti de manera individual. Esta es tu dieta. Estás tomando mis reglas y creando una dieta, una forma de vida para ti mismo, y para siempre.

Si algo no funciona, si ganas peso cuando comes algún alimento, si es "engordador", aprenderás a hacerlo funcionar. Aprenderás a hacerlo engordar menos si contraatacas o niegas sus efectos colaterales negativos, es decir, los kilos de más en la báscula. Eso separa *La nueva dieta de Beverly Hills* de todas las demás. No tendrás que renunciar a las cosas que no funcionan, las que te hacen ganar peso, porque las harás funcionar. Y eso estás aprendiendo a hacer. Ese es el objetivo de la combinación consciente y la compensación consciente.

Espero que, para este momento, ya habrás revelado tu pequeño secreto al mundo. Estoy segura de que todos tus conocidos habrán detectado la diferencia y sabrán la razón, y la mayoría estará dispuesta a pasar por alto tus pequeñas peculiaridades (como llevar contigo tus propias piñas a la cena). Les gustará tu nuevo aspecto más delgado. Para quienes no han salido al público, es el momento de presumir esos pómulos y tomar una comida de frutas fuera de casa. Como este día es de las sandías, que sea una comida de sandías. Una palabra de reafirmación: una vez en la etapa de mantenimiento, los días de pura fruta serán mucho menos frecuentes que cuando tratabas de perder peso, pero son una realidad, por eso lo mejor es que estarás en forma tanto de manera literal como figurativa.

Harás tuya esta manera de comer únicamente si la integras a tu vida cotidiana. Piensa al respecto. ¿Cuántas veces comiste fuera de casa la semana pasada, o la anterior? O si no lo hiciste porque la dieta te lo impedía, piensa cuántas veces podrías haberlo hecho si no hubieras estado a dieta. Estoy segura que esto es fácil en casa, en un entorno que puedes controlar, pero la parte difícil es el mundo exterior. Ahí es donde de verdad empleas todas las excusas y excepciones para las que eres tan bueno: las fiestas, las cenas, los almuerzos de negocios, las cenas de gala, los eventos deportivos, los días de campo, los viajes, los cumpleaños y las vacaciones, en especial estas últimas. La realidad es que nuestras vidas están llenas de excepciones y si sólo "estamos a dieta" en casa, adelgazar nunca será posible.

De modo que ahora es el momento de tomar los conocimientos recién adquiridos, junto con tus nuevos amigos (la sandía y los pómulos) y salir al público; hablo literalmente. ¿No piensas que es tiempo de presumir un poco? ¡Solías estar gordo, ya no lo estás y nunca más lo estarás de nuevo! Entonces, si no has gritado tu éxito a los cuatro vientos, ¿qué mejor día para hacerlo que uno de sandía? Esto va para todos ustedes, incluso para quienes aún tienen varios kilos que perder.

La idea de este ejercicio es romper el ciclo convencional de simplemente tomar lo que viene en nuestro camino. Hacemos elecciones conscientes en cualquier otra parte de nuestra vida, pero es como si olvidáramos que podemos tomar decisiones acerca de nuestro cuerpo, cuya alimentación y cuidado pueden ser selectivos, no reactivos. En verdad, somos una sociedad orientada a la comida. Socializamos, hacemos negocios y celebramos con comida. En estos días, el arte de imponerse a los demás parece pasar de un evento gastronómico a otro. Cocinar y comer son el pasatiempo nacional número uno de los estadunidenses. Obviamente, en estas primeras semanas de la dieta, habrás tenido que hacer algunos ajustes sociales. Pero con el tiempo serás más capaz de programar tus orgías gastronómicas para aprovechar al máximo tu calendario social.

Los ejercicios que has estado realizando (llevar la sandía en público, o comer con tres distintas personas) habrán cargado tu conciencia de modo que nunca más tengas que ser víctima de una experiencia social. Recuerda siempre que nada abandonará este planeta. Todo estará allí mañana, y mañana significa elegir, elegir ser delgado.

Lo que sacrifiques hoy, podrás tomarlo plenamente mañana.

día 26

LO QUE TÚ QUIERAS

El mañana ya llegó, y está aquí para que lo disfrutes. Ahora ya estás listo para comenzar a vivir y tomar decisiones basadas en la comida que de verdad quieres, no en la que piensas que deberías querer o tomar. Pero entonces, ya habrás hecho la mayor elección de todas: la de estar delgado. Los siguientes dos días son muy especiales; marcarán la transición de lo temporal a lo permanente.

Supongo que podrías arrojar la cautela al viento y considerar esta licencia de dos días para enloquecer y comer de todo, pero ¿por qué harías eso cuando, de cualquier modo, puedes comer de todo? Recuerda, no estás a dieta. La combinación consciente no es una sentencia de prisión o algo que debas hacer a la fuerza. Es una forma de vida, una línea milagrosa a la felicidad y a "estar delgado por siempre". Es algo que haces por ti solo, por tu cuerpo, por tu sentido de bienestar, por tu cabeza y tu alma. Estás adquiriendo control. Estás dejando ir la conciencia de grasa que grita "¡aliméntame, aliméntame!". Esa voz ya no domina tu mundo. Ya no es la última voz que escuchas cuando vas a la cama por la noche y la primera que oyes por la mañana. La obesidad ya no atiborra tu mundo. Tu energía y poder proceden de ti mismo. Estás libre. Ya no eres tu peor enemigo. Está desapareciendo la antigua conciencia de dietas: la ansiedad e inseguridad que se debían a estar gordo, el odiarte a ti mismo, nunca disfrutar de la comida que ingerías.

¿No es maravilloso no avergonzarse más de comer? ¿No avergonzarte de ti mismo? Ahora es el momento de demostrarlo, de realmente hacer propia esta manera de comer. Tarde o temprano, debes comenzar a pensar y a hacerlo por ti mismo. Enciérrate en un mundo donde puedas participar y consumir todos los "bienes" que la buena vida te ofrece, incluyendo cualquier cosa que quieras comer y un cuerpo del que puedas sentirte orgulloso, un mundo donde pronto verás que puedes ser tan delgado como quieras por el resto de tu vida, al tiempo que horneas tu pastel y te lo comes.

Estos dos días no son una licencia para comer como un cerdo y ganar peso, pero tampoco espero que perpetúes las privaciones y que los hagas de fruta o de pérdida de peso de alto nivel. Todos los días de tu vida dejan de ser días para perder peso. Todos los días de tu vida no tienen el objetivo de que estés a dieta y pierdas peso, o que estés a dieta y lo ganes. Qué te parecería simplemente "estar". Eso harás durante los dos días siguientes. Tomarás una pausa, saldrás del rígido régimen de pérdida de peso y pasarás al maravilloso mundo abierto del mantenimiento. Es una oportunidad de demostrar a tu yo delgado lo que acabo de decir. Recuerda, la vida no sólo significa estar a dieta o fuera de ésta, y no es preciso que todos los días de tu vida deban ser de pérdida de peso. Simplemente quiero que veas cuánto puedes lograr y permanecer así.

Qué tanto será, depende de ti. La capacidad de cada persona de expandir los límites es distinta. Cuanto más importante sea la comida para ti, menos podrás salir impune.

Ahora, hablemos de lo que comerás hoy... Si extrañas tu antiguo desayuno familiar o quizá un desayuno "de fantasía", entonces tómalo, pero con una mano y un bocado a la vez.

Si comienzas el día con la fruta apropiada, estarás adelante del juego. Ahí intervienen los precedentes, las frutas que te prepararán, desde el punto de vista enzimático, para los demás alimentos que tomarás hoy. Sin embargo, recuerda que deben pasar dos horas antes de que puedas comer de nuevo, por eso planea en consecuencia y levántate un poco antes. Pero si no te levantaste lo suficientemente temprano para comer fruta y esperar dos horas, entonces haz de éste uno de esos raros días en que no comiences con fruta. Haz que tu propio desayuno libre sea tu primera experiencia gastronómica del día.

Como ya sabes, lo que eligse comer determina lo que deberás comer, de modo que si ingieres proteínas en el desayuno, estarás atrapado en la regla del 80 por ciento de proteínas el resto del día. De manera ideal, el resto del día deberías comer puras proteínas porque, como ya sabes, una vez que entran en el estómago, ningún carbohidrato podrá ser digerido con eficiencia ese mismo día. En *La dieta de Beverly Hills* original era muy rígida con esa regla: una vez que hubieras comido proteínas en el trascurso de un día, tendrías que apegarte a estas; ni siquiera un carbohidrato podría cruzar tus labios, o descender por la garganta. Bueno, el tiempo y los experimentos te habrán demostrado que la mayoría de las personas puede hacer una excepción si limitan los carbohidratos que ingieren después de su primera comida mixta. Por límite me refiero a que, por lo menos, 80 por ciento de cualquier comida siguiente deberá estar constituida por proteínas. Más que eso, una comida compuesta en la que predominen los carbohidratos después de una de proteínas en realidad significa jugar con fuego, o debería decir, con grasa.

Si tu combinación errónea ocurre en el almuerzo, sigue la regla de proteínas para la cena o para cualquier bocadillo que pudieras ingerir en el ínterin.

De verdad, un bocadillo hoy está perfectamente bien, siempre que respetes las categorías y el tiempo apropiado.

Espero que, para este momento, habrás dejado de comer en el formato tradicional de desayuno, comida y cena, y comenzado a practicar el comer en experiencias alimenticias separadas por intervalos de una o dos horas. Si lo hiciste, esto te garantizará que tu nueva identidad flaca asumirá el control y permanecerás así para siempre.

Esta noche, antes de ir a la cama, recuerda por algunos minutos lo que comiste hoy y anótalo en la hoja de reconstrucción del diario del flaco renacido (página 108). Luego date unas palmadas en la espalda por lo buen flaco que eres.

día 27

LO QUE TÚ QUIERAS

Aunque este día sigue libre, debes comenzar con fruta: ya sea como antídoto porque tu peso aumentó, o como precedente si permaneciste igual (*ver contrapartes correctivas, página 117*). Ni siquiera te preguntaré si hoy te pesaste. Sé que lo hiciste. En este momento, estoy segura de que habrás glorificado y consolidado tu romance con la báscula; para ti debe ser tan importante como la comida. No te recompensará ni te castigará. Simplemente te dirá qué funciona o qué no. Es tu herramienta más importante para lograr la delgadez eterna.

Entre quienes comienzan hoy con fruta, la única excepción serían aquellos cuyo peso descendió hoy y que ayer comenzaron con fruta. Quizá desees ver lo bien que tu cuerpo y tu energía manejan un día sin fruta, no obstante, asegúrate de seguir las demás reglas el resto del día.

Algunos de ustedes podrán decir, "esperen un momento, ayer no comencé el día con frutas y mi peso no subió. ¿Por qué no puedo hacerlo hoy de nuevo?" Podría hacerlo, pero estaría asumiendo un riesgo. ¿Vale la pena? Ya sabes que comenzar los días con fruta es la clave para mantenerte delgado por siempre. Si bien puedes tener un día libre ocasional (hablo en serio cuando digo ocasional, no más de una vez a la semana), no quiero que adquieras el mal hábito de intentar alterar los cimientos, de dejar que la estructura se derrumbe y permitir que regresen las montañas de carne.

Ahora que estás conectado a la potencia de la fruta para adelgazar y mantenerte delgado, es preciso que hagas de esa regla una prioridad. Ponla junto con las demás reglas de oro en un alto pedestal e interiorízala, de modo que todas siempre guíen tu alimentación. Hazlas una parte importante de tu vida, tanto como de tu código diario de conducta, igual que los diez mandamientos. Haz el compromiso conmigo, y contigo mismo, de establecer estos sencillos parámetros:

REGLA DE ORO 1. Pésate todos los días.
REGLA DE ORO 2: fruta. Comienza con fruta casi todos los días de tu vida. Una vez que comas algo distinto a fruta en el curso del día, no vuelvas a tomarlas ese día.

Recuerda, la fruta se digiere casi al instante. Antes de que incluso hayas terminado de comerte una piña, sus nutrientes ya los estarás absorbiendo por el organismo. Si se inhiben en la digestión, si se comen después de cualquier otra cosa, quedarán atrapados en el estómago por otros alimentos. Su acción enzimática explosiva se compensará mediante hinchazón y gases. Tu salvador se transformará en tu torturador.
REGLA DE ORO 3: tiempo de espera. Cuando pases de una fruta a otra, espera una hora. Cuando pases de un grupo de alimentos a otro, espera un mínimo de dos horas (tres sería mucho mejor).

Éstos son tiempos mínimos de espera, los lapsos mínimos para evitar problemas, sin correr el riesgo de obesidad. Recuerda, ganas peso porque la comida no se procesa de manera adecuada. En términos más sencillos, si la comida no sale de tu estómago cuando debiera, si se queda atrapada o retenida por otros alimentos antagónicos, el organismo no procesará de manera adecuada los nutrientes que debería generar, y ganarás peso.
REGLA DE ORO 4: proteínas. Una vez que hayas ingerido proteínas, come al menos un 80 por ciento de estas durante el resto del día (en la página 110 se enumeran las "reglas de oro", para una referencia rápida).

Por supuesto, nada es inmutable. Puede haber muchas variables. No obstante, seguir estas cuatro reglas representará la diferencia entre delgado y gordo, entre vida o muerte, entre felicidad y miseria, entre estar delgado de manera temporal o permanente.

día 28

PIÑA
PAPAYA
PIÑA

Quieres creer, pero estás indeciso. ¿Cuántas veces has escuchado la promesa "para siempre"? Crees que es demasiado bueno para ser verdad. Has escuchado tantas promesas vacías. Has creído, pero una y otra vez tu creencia fue golpeada y negada. No te culpo por ser escéptico. Desde el punto de vista estadístico, las posibilidades son de nueve a uno en contra de mantener fuera todos los kilos que se perdieron en una dieta tradicional, o la que excluía tus alimentos favoritos. No te culpo por estar aterrorizado, las estadísticas son devastadoras. Pero confía en mí y en tu báscula. Los últimos dos días debieron haber hecho a un lado esos temores. Si te portaste bien, estoy segura que estarás abrazando la báscula, revelando los huesos de la cadera, aferrada al programa de *La nueva Dieta de Beverly Hills*. Ahora estás bajo control. ¿Has observado que, cuando controlas tu modo de comer, el resto del mundo cae en su sitio, que ahora tu poder ya no es disperso y difuso, que ya no te ves consumido por pensamientos de comida, sino por la idea de permanecer delgado y sintiéndote bien? Bueno, las siguientes son algunas herramientas que te ayudarán a perpetuar tales pensamientos.

1. *Primero y más importante, experimenta y disfruta.* Recuerda, no es cuánto puedes comer en un lapso breve, sino cuánto tiempo puedes hacer que dure el gusto. Tienes permiso para experimentar y disfrutar, por eso come lentamente. Deléitate con el sabor y comprende cómo te hace sentir.
2. *Tómate con calma el mantenimiento.* Cuando comiences la fase de mantenimiento y reanudes tu ingestión regular, hazlo con suavidad y siempre prepárate para lo peor. Se necesitan seis meses completos de mantenimiento antes de que tu organismo en realidad esté en equilibrio en su nuevo peso... antes de que tu corazón esté en armonía con tu nueva forma de comer.
3. *Aísla tus experiencias gastronómicas, de modo que puedas aislar sus efectos.* Conoce a tu enemigo para que sepas defenderte. Esta herramienta es muy importante. Es la piedra fundamental para aprender a hacer excepciones. Si encuentras que ganas peso con una experiencia gastronómica específica, no es el fin del mundo. Por el contrario, de esa manera aprenderás a corregirlo. Repite tus experimentos. Con frecuencia, los más devastadores en las primeras etapas de mantenimiento (en particular la sal) serán bastante exitosos una vez que tu organismo haya tenido más tiempo para estabilizarse, después de los primeros seis meses.
4. *Experimenta: haz excepciones hasta el límite.* No temas. Sólo así identificarás los parámetros de tu reino delgado. Si no sabes con certeza cuán lejos puedes ir, nunca podrás permanecer donde estás. Descubre qué funciona para ti y qué no. Después de todo, estamos hablando para siempre. Prueba un café con leche al final de un día de proteínas. Ve cuántas comidas abiertas puedes manejar en una semana. Descubre qué te ocurre si comes todo lo que quieres de tu pizza favorita, cómo te sientes al estar enterrado bajo montañas de queso *mozzarella*. Come panqueques hasta hartarte.

   Juega con tus combinaciones de precedentes y antídotos, y aprende qué funciona mejor para ti y cuándo. Condimenta tu control. Juega con estas enzimas hasta que conozcas todos los matices y todas las posibilidades. Asume el control de una vez por todas. No te encojas de miedo en la zona de seguridad. No tienes nada que temer. No existe ningún daño que no puedas corregir, ni kilos ganados que no puedas perder. Te encuentras en el programa de *La nueva dieta de Beverly Hills*, y es por siempre. Estás delgado ahora y lo estarás para siempre.

5. *No te prives.* Programa tus platillos favoritos y tómalos con absoluta falta de cuidado. Son las excepciones, de modo que hazlos excepcionales. Consúmelos, o ellos te consumirán a ti. Si no los programas, estarás preparándote para el fracaso. Si recurrías al helado cada vez que tu madre te gritaba, si te enterrabas debajo de una montaña de costillas asadas cuando un romance se perdía, si ahogabas un mal día en chocolate, ¡debes estar alerta! Si no cuidas estas comidas, continuarán siendo tu refugio. Continuarás permitiéndote tomarlas en momentos emotivos. Pero a la clara luz del día, si las programas en momentos no contaminados por los sentimientos y con permiso, si consientes experimentarlas sin emoción o felicidad y sin culpa, librarás la batalla del atracón. No sólo dispersarás la emoción de la comida, quizá descubras que, desenmascarados por la emoción, muchos de los alimentos que considerabas tan terribles, en realidad no lo son. De alguna manera, pierden el sabor cuando no están cubiertos con lágrimas saladas.

Si no puedes comer tus alimentos favoritos cuando estás en perfectas condiciones, ¿cuándo podrás hacerlo y qué caso tendrá? En tu pequeña y retorcida mente, seguirás una dieta que signifique privaciones, en la que debas hacer trampa. Habrás abierto la puerta para que intervenga tu conciencia de gordura y saques a tu alma flaca. Si no programas tus alimentos favoritos, estarás negando el corazón del programa de *La nueva dieta de Beverly Hills* y no estarás haciendo la tuya propia. Recuerda, este plan de alimentación se enfoca en lo que quieres comer, y eso determina lo que tú tienes que comer. Así, deja de negarte a ti mismo. Mereces tener lo que realmente quieres. ¡Te lo has ganado!

día 29

SANDÍA O UVAS

Ninguno de estos días de frutas es nuevo para ti y por el momento ya debes saber cuál funciona mejor. "Funcionar mejor" no sólo significa que supone una mayor pérdida de peso, también se refiere cómo te hace sentir. Recuerda, esto se relaciona con sentirte bien en la misma proporción que se mantiene fuera el peso que ya perdiste y el que continuarás perdiendo.

Para quienes aún tienen mucho camino por recorrer y que para el día 35 no hayan terminado su régimen de pérdida de peso, no se preocupen. Regresaré con ustedes. En este momento, me gustaría continuar hablando del "mantenimiento".

Tus primeros seis meses como flaco son cruciales; la obesidad está en pauşa, lista para regresar a la más mínima oportunidad. No necesita muchas provocaciones. Serás más vulnerable al principio, cuando eres un nuevo flaco, en lo físico y en lo psicológico. En lo físico, aunque espléndido y radiantemente esbelto, tu organismo es inestable y aún peligrosamente propenso a la gordura. Recuerda, esas células de obesidad no han desaparecido y, sobre todo al principio, simplemente se encuentran a la espera de ser alimentadas para regresar de nuevo. En lo mental, estás sujeto a estados alternos de felicidad y complacencia, y a la mentalidad de "un bocado no hace daño". Tu conciencia de gordura está preparada para la acción, y en cualquier instante tomará una ventaja mental. A menos que esta sea la primera vez que pierdas peso, éste siempre regresó antes y estará esperando de nuevo, listo para atacar.

Planea tomar seis meses para aclimatar tu organismo y tu cerebro al nuevo estilo de vida, el programa de *La nueva dieta de Beverly Hills*, y hacer que la combinación consciente sea inconsciente.

Primero y más importante, pésate todos los días durante los primeros seis meses. Anótalo. Cuando salgas de viaje, lleva contigo tu báscula. Perpetúa ese romance, la báscula es el único observador imparcial de tu perfección.

La media noche no significa que comienza un nuevo día. El día termina cuando te vas a la cama, y el nuevo comienza cuando te levantas, no cuando el reloj marca las 12. Si te despiertas hambriento a mitad de la noche, continúa comiendo lo último que ingeriste antes de irte a dormir.

Siempre recuerda que perdiste peso alimentando tu cuerpo, no matándolo de hambre. Asimismo, comer te conservará delgado. Ingerir los alimentos apropiados antes y después de las combinaciones erróneas te hará funcionar y te impedirá engordar.

Cuando tengas dudas, y no sepas qué contraparte correctiva utilizar, come piña; es lo más cercano a un alimento maravilloso que pueda existir. Pero no exageres. Si la comes con demasiada frecuencia, su eficacia disminuirá de manera dramática.

Las frutas neutrales pueden ingerirse en cualquier momento en el que no necesites una contraparte correctiva. También podrán utilizarse como precedente a una comida abierta con discreción. Disfrútalas y aprovéchalas. Suponen un cambio bien recibido de nuestras confiables enzimas.

Inicia con fruta aproximadamente el 90 por ciento de tus mañanas. La fruta limpia lo que comiste el día anterior y te prepara para cualquier tipo de alimentos que ingerirás después. A menos que necesites un precedente específico, casi cualquier fruta es apropiada, lo cual incluye las neutrales, como duraznos, peras, nectarinas y chabacanos.

Como regla general, las frutas secas no deben ingerirse antes o en vez del desayuno a la mañana siguiente de haber ingerido proteínas animales. Tienden a provocar gases.

No comiences el día con pasas o dátiles. Son demasiado concentrados e intensos.

Las nueces y semillas siempre deberán consumirse crudas y sin sal. Eesto último por razones obvias, y crudas por la lecitina que tu cuerpo necesita.

Espero que hayas aprendido a amar tu café o té negros. Recuerda la regla de las proteínas: una gota de leche en tu café matutino o en tu té vespertino puede ser mucho más devastadora que un kilo de chocolates. Si aún la extrañas, trata de agregar canela a los granos molidos antes de preparar.

Planea los menús en forma semanal. Programa tus necesidades emocionales, así como las sociales y de negocios. ¡Se generoso e imaginativo! Lo que decides comer determina lo que tienes que comer. Es tu vida, es tu dieta y es tu agenda. Recuerda, una vez en la fase de mantenimiento, ya no estarás "a dieta". No estás tratando de perder peso. La privación sólo provoca abusos. Disfruta la comida, disfruta de comer, de cocinar y de entretenerte. ¡Disfruta y comienza a vivir!

Al prepararte para una comida, manténte abierto desde el punto de vista enzimático. Cuando sepas que más tarde, en un día determinado, ingerirás una combinación errónea, un precedente de fruta es ideal. No evites comer. "Matarse de hambre" sólo significa perpetuar tu conciencia de la obesidad. No sólo estarás muerto de hambre cuando llegue el momento de comer, sino que tu organismo, inundado de pronto por una avalancha de comida, simplemente será incapaz de funcionar con eficiencia. Considera el tiempo que requiere una máquina procesadora de basura para comenzar a funcionar cuando la enciendes por primera vez.

Como práctica general, en la comida previa o posterior a una ingesta de proteínas no habrán de ingerirse maxicarbohidratos. Por ejemplo, no tomes *bagels* para desayunar y pollo y costillas para el almuerzo, cordero para cenar y panqueques para desayunar. Podrás hacerlo de manera ocasional, pero no cotidianamente.

De manera ideal, un día de puras proteínas tendrá que dividirse en sólo tres experiencias gastronómicas. Trata de mantener al mínimo los bocadillos entre comidas. Las comidas de proteínas deberán estar separadas entre sí por al menos seis horas.

Una palabra de advertencia: si sólo ingieres proteínas, podrás comerlas selectivamente de un plato que las mezcle con los carbohidratos, pero no puedes hacer lo contrario. Es decir, no puedes escoger los carbohidratos y dejar las proteínas. Por ejemplo, considera una cazuela de pollo y arroz. Si estás en proteínas, podrás escoger y comer el pollo con toda seguridad, pero si estás en carbohidratos y crees que puedes comer el arroz únicamente, estarás en problemas. Las proteínas del pollo habrán impregnado cada grano de arroz y habrás creado una combinación errónea.

Para garantizar la calidad máxima de energía cuando tomas comidas abiertas con discreción, permanece en la misma familia de alimentos: pescado con otro pescado o mariscos, huevos con pollo, dos tipos de pasta. Diferentes tipos de alimentos generan diversos tipos de energía. Pero por favor, no lo creas sólo porque yo lo digo; experiméntalo tú mismo y experimenta el "nuevo tú".

día 30

CIRUELAS PASA
EMPAREDADO DE VEGETALES
VEGETALES ÉTNICOS O CARBOHIDRATOS ABIERTOS

Aunque tu futuro delgado incluirá tantas comidas con combinaciones erróneas como puedas manejar, en su mayor parte podrías elegir jugar de acuerdo con las reglas. Yo sé que lo hago. ¿Por qué? Bueno, para empezar, por lo general como demasiado cuando realizo combinaciones erróneas y sufro las consecuencias: aumento de peso. Pero lo más importante, no me siento como si combinara erróneamente cuando me apego a una de las categorías. Creeme, si utilizas tu imaginación, las comidas "correctas" no tienen que ser aburridas. En la sección Jugar limpio (páginas 120 y 121) encontrarás varios ejemplos de ideas para comenzar.

Si bien la comida de esta noche se compondrá sólo de carbohidratos, no por ello estarás obligado a comer sólo vegetales hervidos. ¿Por qué no pruebas alguna comida regional: hindú, china, árabe e incluso mexicana (pero cuidado con el queso)?

Ahora es el momento de que comiences a hacer tu propio programa. Tendrás que aprender a hacerlo, si deseas que la delgadez eterna se vuelva una realidad, pues aunque hayas alcanzado tu meta, tendrás que seguir pensando en la comida y planear lo que quieres comer. No te preocupes, es fácil hacerlo una vez que sabes cómo.

Una vez alcanzada tu meta, ya no tendrás que pensar en tu peso a diario, sino semanalmente. Sigue pesándote todos los días, como mencioné antes, pero nadie puede ser tan firme que su peso no varíe de un día al siguiente, más bien nunca debe variar más de kilo y medio y debe permanecer constante de una semana a la siguiente.

Dada la posibilidad de que conozcas tu programa social y de negocios con una semana de anticipación, lo mejor es hacer el programa en torno a lo que hayas planeado. Recuerda, si lo programas, nada engorda. Y también recuerda, no te prives ni seas tacaño contigo mismo.

Divide una hoja de papel en los siete días de la semana. Programa primero todos tus compromisos sociales y de negocios, luego los emocionales. Piensa qué quieres comer y cuándo deseas hacerlo. Marca tus elecciones primero en la carta semanal, luego llena los espacios en blanco. Lo que decidas comer determinará lo que tendrás que tomar el resto de la semana. Por ejemplo, si sé con antelación que en el almuerzo del jueves comeré pizza, entonces el primer espacio en blanco que llenaré será el de mi desayuno para ese día. Comprobaré la lista de precedentes en contrapartes correctivas (página 117) para ver lo que debo comer antes de las comidas grasosas, con crema y queso, que en este caso es piña. Luego, lleno mi cena. La pizza tiene proteínas, lo cual determina que debo comer al menos un 80 por ciento de éstas en la cena. Y así programo cada día. Ahora anota tu cociente nutricional para la semana (60 por ciento de carbohidratos, de 20 a 25 por ciento de proteínas, 20 por ciento de grasas), cerciórate que tiene la cantidad adecuada de proteínas, grasas y carbohidratos. Asegúrate de dar a tu cuerpo los nutrientes que necesita. Y no, repito, no reduzcas tus necesidades emocionales. Recuerda, el programa de *La nueva dieta de Beverly Hills* es para todas sus facetas, un programa individualizado que abastezca a tu corazón si ha de ser "para siempre".

Cuando comenzamos juntos, te dije que nunca quitaría al corazón de tu estómago. Simplemente lo que haría es meter allí la cabeza. Te haría pensar un poco. El programa de *La nueva dieta de Beverly Hills* significa pensar en la comida. Pero a diferencia de tus pensamientos del pasado, en vez de los "debo" y "no debo", los "no puedo" y "nunca"; en vez de que la conciencia por los alimentos sea regida por la ignorancia, la apatía, los mitos y la conciencia de la grasa, será impulsada por el conocimiento, la comprensión y los pensamientos y las elecciones positivas de alimentos.

Tienes una elección ahora, la cual ya no es la de comer o no comer, sino qué comer y cuándo para hacerte funcionar mejor.

Dentro de poco, dejaré de ser responsable de decirte qué comer. Te estaré cediendo tal decisión. Tomarás mis sugerencias y pistas, pero harás tus propias decisiones, que serán dictadas por más tarde y mañana en vez de ahora mismo y sólo hoy. Esta es tu dieta, tu plan alimenticio, y para hacerlo funcionar debes basarte en tus comidas y elecciones.

Sé que lo he dicho una y otra vez, pero pésate todos los días y anótalo. Nunca comprometas tu romance con la báscula, que es tu juez imparcial de la delgadez. No le temas.

Una vez más, programa con antelación todas tus semanas. Resiste la tentación de improvisar, de dejarlas abiertas, de ser espontáneo "para ver qué ocurre". Tú sabes lo que ocurrirá... y lo lamentarás.

Cuando comiences a programar, siempre planea para la posibilidad de kilos de más. Prepárate para lo peor al siempre programar las contrapartes correctivas máximas. A medida que desarrolla tu perfil de mantenimiento, al comenzar a ver lo que tu cuerpo puede manejar, quizá puedas facilitarte un poco. Al aprender lo que tu cuerpo podrá tolerar, y a medida que el organismo aprende a responder al programa de *La nueva dieta de Beverly Hills*, la combinación consciente se volverá automática y pasarás al mundo de la combinación inconsciente. Sé por experiencia que puedo salir bien librada si como cuatro rebanadas y media de pizza en una sola noche, y no ganar ni un gramo. También sé que, si como lo mismo la noche siguiente, inevitablemente subiré tres cuartos de kilo. He experimentado con esto una y otra vez. Conozco mi puntuación de ganancia de peso para todos mis alimentos favoritos e incluso para los que no lo son tanto. En este momento, sólo necesitas experimentar y probar tus favoritos. ¿Por qué deberías preocuparse por los demás? Recuerda que yo tenía que experimentar porque estaba creando una metodología universal, un programa alimenticio que incluiría a todos ustedes.

No te he sugerido nada que mis clientes y yo no hayamos experimentado en carne propia. Siempre recuerda que el programa de *La nueva dieta de Beverly Hills* se basa tanto en experiencias como en la teoría. Nosotros, los combinadores conscientes, sabemos lo que funciona y lo que no, porque lo hemos probado todo.

día 31

JUGO DE NARANJA Y UNA ELECCIÓN
DE MELÓN O LA MITAD DE UNA TORONJA
EMPAREDADO DE TU ELECCIÓN
PROTEÍNAS

Sólo en caso de que hayas perdido tu anterior desayuno "de dieta", pensé que deberías hacerte un recordatorio de lo que alguna vez pensaste hacer para permanecer delgado. Esta mañana tomarás jugo y melón. Cómelo, termínalo y luego no comas nada hasta el almuerzo, y eso incluye no tomar nada entre comidas. No es tan complicado, ¿o sí?

No obstante, el almuerzo es distinto. Sigues en el programa de *La nueva dieta de Beverly Hills* para flacos renacidos, de modo que, ¡adelante! Hazte el emparedado que elijas, y ponle todo lo que se ee ocurra. No obstante, piénsalo. Sabiendo lo que sabes en este momento, ¿de verdad tiene que ser un hot dog con chile y queso? ¿Qué tal un emparedado vegetariano, por ejemplo de aguacate? Recuerda, lo que decidas comer determina lo que tienes que tomar. De modo que si eliges un emparedado que incluya una combinación errónea, eso determinará una cena con un 80 por ciento de proteínas. ¿Exactamente a que me refiero con 80 por ciento? Significa que si no puedes vivir sin pan y mantequilla antes de la comida, toma algo (pero ten cuidado, son tus carbohidratos).

Si el corte de costilla no te sabe a nada sin una papa al horno, agrega una a tu plato, pero detente allí.

Repito: cada combinación errónea no hace obesa a una persona, no si se compromete con ella con discreción y sin agregar sal a las heridas. Ya sabes a qué me refiero... siempre que hayas eliminado esa actitud de, "Bueno, como tomé pan, muy bien podría tomar una ensalada o, diablos, seguro, tráigame la papa al horno...". Sólo tú puedes hacer que las combinaciones erróneas funcionen. Así, hazlas teniendo eso presente. Cuando puedas hacer que las combinaciones erróneas funcionen para ti, podrás probarlas todo el tiempo.

Cuántas comidas abiertas podrás tomar sin problemas en un día, en una semana y en un mes, dependerá por completo de ti. La experiencia y los experimentos te darán la respuesta, y sólo el tiempo lo dirá.

Recuerda, cuando estés tomando una comida abierta ejerce más disciplina. Tendrás que enumerar la ayuda de tu voz delgada y escuchar de cerca para proclamar, "¡Ya es suficiente!". Quizá tu estómago no esté escuchando, no si la comida sabe bien. La pizza de Due's en Chicago me gusta tanto, que como hasta que literalmente ya no puedo tomar ni una sola rebanada más. Si pido y me termino las papas fritas adicionales cada vez que ordeno mi "hamburguesa con queso en el paraíso" en Duke's en Seattle, o me vuelvo loca cada vez que como carne asada en el Mississippi Flyway de Carbondale, mis pequeñas alas de flaca se verán recortadas y me quedaré con los kilos de más, y no vale la pena. Permitirse un exceso significa pagar el precio, podar el placer y desencadenar el dolor de la culpa.

Prueba, comprueba y sigue probando. Conoce tus límites sólo porque puedes establecerlos. Pon tu mente en los alimentos y evoca tu sentido común.

Y al final de dos o tres meses, debes tener una idea bastante firme de qué tanto puedes comer sin meterte en problemas y qué tan lejos puedes ir. Prueba tus límites y, a medida que las semanas pasen, aumenta tus placeres y eleva gradualmente tus combinaciones erróneas. Ahora bien, cuando digo aumenta, no quiero sugerir que cada semana dupliques tu placer. Agrega una sola combinación errónea a la vez. Se moderado y hazlo con tranquilidad. Vigila tu progreso a cada paso a lo largo del camino, revelando con qué puedes hacerlo bien y trazando la línea donde sea preciso. Descubrirás que una poderosa línea delgada marca la diferencia entre flaco y gordo.

Algo tan inocuo como agregar sal, una bebida de dieta, una salsa mediocre o un puñado de nueces en el momento equivocado puede suponer varios kilos de más.

Experimenta y disfrútalo. Pero, repito, hazlo con *calma*. Confía en el programa de *La nueva dieta de Beverly Hills*. ¡Tú sabes que funciona! Tu nuevo cuerpo y forma de pensar lo demuestran. Cada persona que se mantiene delgada con *La nueva dieta de Beverly Hills* es un testimonio del poder de las enzimas, y tú también lo serás.

Al principio, debido a tu potencial de grasa e historia pasada, tu cuerpo tal vez no tolere demasiadas combinaciones erróneas. No te aterres porque las combinaciones erróneas quizá no hagan que tu cuerpo se sienta muy bien. Debes estar consciente de cómo te sientes, ya que es tan importante como mantenerse como la báscula lo indica. Después de todo, sentirse muy bien es el objetivo final; todo lo demás tiene relación con ello: tu peso, tus emociones y tu nuevo mundo delgado.

día 32

PROTEÍNAS

Cuando te encuentras en un día de proteínas como hoy, deberías planear que sólo haya tres comidas en el día. Come hasta quedar satisfecho en cada una, y cuando termines, eso es todo. Reduce a un mínimo lo que ingieres entre comidas. Existen varias razones para restringir la ingesta entre comidas en los días de proteínas. Desde el punto de vista físico, confundirás a las enzimas. ¿Cómo? Cuando comes proteínas, primero excretas ácido clorhídrico en las paredes estomacales para quemar la grasa. Una vez procesada esta, el ácido clorhídrico se desconecta y entra en acción la pepsina para realizar su trabajo de "suavizado" (recuerda el golpeteo continuo de un martillo). Cuando la pepsina ha concluido su tarea inicial, se le une el ácido clorhídrico para completar la división de proteínas en aminoácidos. Este proceso de tres pasos comienza de nuevo cada vez que entra al estómago una proteína nueva. Si agregas una proteína nueva cuando está en marcha el paso tres, esa acción debe detenerse, de modo que la proteína nueva pueda ajustarse con el paso uno.

Lo único que nunca queremos que se detenga es cualquier acción, incluida la que va de la mano a la boca, excepto en los días de proteínas. No tomar bocadillos este día será muy sencillo, porque en los días de proteínas de verdad aprecias estar satisfecho... no lleno ni harto, sino simplemente sin querer o necesitar comer. Los días de proteínas (en particular las de la carne) pueden ser muy eficaces para controlar la retención excesiva de agua. La carne actúa como una jerga que absorbe toda el agua adicional. Observarás que aparece junto con la sandía en la lista de antídotos en contrapartes correctivas (página 117). La carne funciona de maravilla cuando se usa con moderación: nunca más de un día de proteínas a la semana. No obstante, esto no excluye las comidas individuales de proteínas en otras ocasiones durante la semana.

Hablando de trabajo, ¿alguna vez te has preguntado si tu báscula ha dejado de funcionar? ¿Se ha quedado detenida en un lugar durante días? O quizás esto ya te ocurrió porque estás más allá de todo ello. En caso contrario, obsérvalo porque es inevitable. Se le conoce como una meseta, uno de esos lugares inevitables que no se anuncian, y a los que todos llegamos cuando se detiene la pérdida de peso. Día tras día subimos a la báscula y, sin importar lo buenos que hayamos sido, no obtenemos recompensa; la báscula no se mueve. ¿Cómo manejábamos esto en el pasado? Por supuesto, comiendo. Debido a la frustración, nos atiborrábamos de comida. Si no es posible perder, es muy factible ganar, ¿cierto? Por lo menos la báscula se mueve, aunque sea en la dirección equivocada.

Las mesetas son muy sencillas de soportar si entiendes un poco qué son en realidad.

En un nivel puramente físico, la grasa debe salir del organismo. Es preciso suavizarla y quemarla antes de retirarla y eliminarla. Esto no ocurre en un instante. Primero, la grasa deja las células y viaja a su canal apropiado de eliminación (los riñones y el intestino grueso) antes de salir del organismo.

Sólo quedan las células donde residía la grasa, y no desaparecerán. Una vez que la grasa se haya ido, las células se llenan con agua. Esto ocurre porque había un alimento adicional que era preciso tomar. Ahora no están saliendo, están esperando ser alimentadas de nuevo. A la larga, las células captan el mensaje de que no las alimentarás más. Poco a poco comienzan a encogerse y tú haces lo mismo.

Si tomas conciencia de este proceso (al hacer los ejercicios en el espejo), te darás cuenta de que, si bien la báscula no oscila tanto, tu organismo está cambiando en forma bastante dramática.

Manténte allí. A la larga, el agua que de manera gradual sale de la célula será eliminada definitivamente del organismo. Nunca sabrás cuando llegará a una meseta o cuánto durará ésta.

Durante mi última pérdida de peso, cuando iba "por todo", me quedé atorada durante 13 días completos en 51 kilos, a pesar de mis medidas desesperadas. Una vez que me probé a mí misma que no me rendiría más a la gordura, una vez que me demostré que no sucumbiría al atractivo de las nueces de la India o las pasas, ni de ninguna otra cosa que quisiera comer, comencé a perder peso de nuevo. A la semana siguiente, desaparecieron tres kilos y medio.

Las mesetas no sólo son físicas, sino también emocionales. De hecho, con mayor frecuencia son de este último tipo.

Las mesetas nos dan tiempo para actualizarnos con nuestro nuevo cuerpo. Dan tiempo para que nuestra cabeza y nuestro cuerpo se pongan de nuevo en sincronía. Si, por decir, perdiste cinco kilos y medio, estarás experimentando la vida desde un punto de vista totalmente distinto. Ya no tienes los cinco kilos y medio de colchón y armadura que alguna vez tuviste. Eres más vulnerable y necesitas asimilar de manera consciente tu nuevo ser. Aprovecha la meseta para hacer eso. En realidad, cada vez que pierdes un kilo, eres una entidad diferente.

Durante años hemos estado a dieta, tratando de perder peso, o fuera de ésta, lo cual significa que ganábamos peso. ¿Recuerdas alguna vez estar así: sin perder ni ganar? Alguna vez simplemente te has detenido y preguntado, "¿Aquí me encuentro en este momento?". Con demasiada frecuencia, nos obsesiona tanto nuestra meta final, que pudiera estar a cinco o a 15 kilos de distancia, que no nos detenemos a experimentarlo ahora, a sentir el hoy. Las mesetas son espacios para respirar. Si les permites existir, pueden ser altamente positivas. Experimenta contigo mismo dónde estás ahora. No dónde has estado ni adónde te diriges... ¡sino dónde estás ahora mismo!

Las mesetas te dan una oportunidad de hacer una elección. Tú siempre puedes comer; tal vez eso has hecho en el pasado, y es una de las razones por las que nunca pudiste adelgazar. Todas las frustraciones, ansiedades, hostilidades y depresiones que sientes todos los días al pesarte, son sólo sentimientos que has experimentado antes. Siéntelos y déjalos ir. No necesitas tragártelos nunca más. Ya sabes que, con el tiempo, la báscula se moverá, es decir, seguirá descendiendo.

Para este momento, quizá hayas perdido aproximadamente siete kilos. Ese es el peso equivalente a siete pollos (uno pesa poco menos de un kilo aproximadamente). ¿Lo sientes? ¿Te estás mirando desnudo en el espejo? ¿Has estado realizando tu baile o caminata cotidiana en el mismo lugar?

Terminar una meseta significa establecer tu posición con firmeza y decir, "Esto es para siempre; haré lo que se requiera. Quiero estar delgado más que cualquier otra cosa en la vida, incluso la comida" Una vez que estés dispuesto a abandonarlo todo, sólo existe una cosa que debas abandonar, y ésa es la gordura.

Antes de que puedas elegir no estar gordo, debes comprender qué te hace estarlo. Sólo entonces podrás librarte de ello y volverte delgado.

Las mesetas lo hacen confrontar a esa persona gorda y fuerzan su mano. Esta es la prueba. ¿Estás realmente comprometido? ¿Estás dispuesto a recorrer toda la distancia? ¿Tienes lo que se requiere para ser delgado? El programa de *La nueva dieta de Beverly Hills* y la combinación consciente te darán todas las herramientas que necesitarás en todo momento. ¡Utilízalas!

Tienes lo que se necesita, y ya lo sabes. Lo has demostrado al llegar hasta este punto. Por eso, abandónalo todo y déjalo ir, es decir, tu gordura. ¡BIENVENIDA, DELGADEZ!

P.D.: Si estás en un dilema respecto a qué comer hoy, encontrarás comidas de proteínas perfectamente combinadas en Jugar limpio (páginas 120 y 121).

día 33

PIÑA
DOS PLÁTANOS

Día 33, y estás casi libre.

Muy bien flaco, vamos a salir con un portazo, o debería decir un "bam bam". Los dos días siguientes sacudirán cualquier pizca de grasa que aún quede, y entonces utilizaremos nuestra confiable sandía para enjuagarlo todo.

Me pregunto si has mantenido tus listas de lo que te encanta de estar delgado y lo que detestas de estar gordo. Hoy o, mejor aún, esta noche antes de ir a la cama, sácalas y agrega algunas cosas, en particular en la segunda. La obesidad es cosa del pasado, por eso ¡entiérrala! No quiero que pienses en lo que significa estar gordo nunca más. Cuando cierres los ojos hoy por la noche, quiero que pienses en una sola cosa: ¡lo fantástico que es estar delgado!

¿Qué tiene de fantástico estar delgado? Significa ir a la cama sintiéndote bien contigo mismo. (¿Hay algo que te haga sentirte peor que estar gordo?) Durante muchos años, nuestro cuerpo nos ha absorbido... estando delgados, cómo nos sentimos, y en especial cómo nos vemos. De alguna manera nos hemos sentido víctimas para creer que no tenemos responsabilidad ni opciones.

Ya sea que tengamos un metabolismo lento o una tiroides subactiva, o bien que sea genético (nuestros padres estaban gordos), estamos condenados a la obesidad porque nos encanta comer, y tanto este hecho como estar delgado se excluyen mutuamente.

Nos hemos vuelto tan sofisticados respecto a la comida, y su significado se ha vuelto tan complicado en nuestras mentes, que hemos echado por tierra su propósito sencillo y original. Crea nuestra carne y nuestra sangre, es nuestra energía. La comida siempre será una excusa para un acontecimiento social, un recurso provisional desde el punto de vista emocional, una expresión de amor, una cura instantánea y temporal para el aburrimiento. Comer siempre será una ocasión para que las familias se reúnan, celebren, se regocijen y se unifiquen. Es un momento para hacer negocios, una recompensa y un castigo. Todos estos argumentos son verdaderos, pero sobre todos, la comida eres tú. Tú eres lo que comes, simple y llanamente; nada más, nada menos.

Nuestras vidas, nuestra comida, nuestra alimentación han sido dictadas por el hábito y la tradición. Más que nuestra cabeza, nuestro corazón ha regido nuestra forma de comer. Como estoy segura de que te das cuenta ahora, yo sería la última persona que te retiraría el corazón del estómago. Sé cómo te sientes. He tenido esos momentos de locura cuando mi cabeza dice no pero mi corazón dice adelante, y la mayor parte de las veces, escucho a este último. Y está bien, porque mi elección en esos momentos de locura de ninguna manera tiene que ser no comer, sino más bien qué comer para hacer que funcionen las cosas. Qué comer para permanecer delgado y sentirme bien.

Como un "comedor", tú sabes que esos momentos de locura ocurren con bastante frecuencia. Lo que me ha salvado, lo que me ha mantenido delgada, y lo que te salvará y te mantendrá delgado a ti, es un apego estricto a las cuatro reglas de oro. Estas son tan importantes para mí como el código moral que rige mi vida. Del mismo modo que no asesinaría a nadie, tampoco quebrantaría estas reglas de oro, que tienen el potencial de asegurar una delgadez eterna.

Las demás reglas y herramientas que he mencionado, si bien todas son vitalmente importantes, pueden quebrantarse a veces, sin que la grasa asuma el control o que la energía se vea bajo ataque al instante. Pero sin importar lo flagrante que pudiera ser el abuso de cualquier otra regla, yo nunca me paso de lista con las reglas de oro. Estas son sagradas, y nunca hay que abusar de ellas.

Ten presente que descubrí por primera vez estas reglas y herramientas cuando buscaba mi cura personal para la obesidad, cuando luchaba sola para salir de ese cenagal de miseria. Había ciertas leyes físicas que me guiaban, pero la metodología, la filosofía, las reglas y las herramientas fueron producto de mi experiencia y experimentos personales, y más tarde de los de mis clientes. Con frecuencia me preguntan, "¿nunca quebrantaste las reglas cuando comenzaste por primera vez, nunca tropezaste ni siquiera una vez?" Les recuerdo que cuando yo comencé, no había "reglas", que yo debí crearlas. Las reglas, como hoy las conocemos, son simplemente producto de lo que funcionó y de lo que no. Sólo se volvieron inmutables a medida que fueron probadas hasta sus límites, mientras yo seguía adelante y experimentaba.

Desde entonces, con la ayuda de más de un millar de personas que siguieron *La dieta de Beverly Hills,* a quienes supervisé de manera personal en mi clínica de dicha localidad y más tarde en todo el mundo, he experimentado y refinado, afinado y cortado. Sólo entonces puse por escrito las reglas de oro, de manera indeleble como lineamientos para todos nosotros (página 110). Créanme, mis clientes y yo hemos tratado de probarlas hasta el límite. Sabemos que las reglas de oro no pueden, ni deben, transgredirse.

Una vez más, te pido que pongas estas reglas en un pedestal, que las interiorices de modo que siempre guíen tu alimentación, que las hagas parte de tu vida, en la misma medida que tu código moral, así como yo lo he hecho. Establece estos pocos lineamientos cuando se trata de comer. Comprométete conmigo y contigo mismo. Recuerda, no estarás eliminando nada de tu vida; le estás agregando, y juntos lo revelaremos en el poder de los huesos de la cadera, ¡y retozaremos en la tierra de los flacos para siempre!

día 34

PIÑA
PAPAYA
PIÑA

Si piensas en la comida cuando no importa, no tendrás que pensar en ella cuando sí importe.

Intenta hacer de tu hogar un paraíso para los combinadores conscientes. Prométete que tu hogar será un santuario para sentirte bien y permanecer delgado. Es muy sencillo. Llena la despensa, el refrigerador y el congelador. Líbrate de los bienes empacados repletos de conservadores y sustancias químicas; regálalos, o aún mejor, deshazte de ellos. Aprende a adaptar tus recetas favoritas y prueba algunas nuevas que serán maravillosas. Recuerda, haz que cada bocado cuente. ¿Por qué deberías tener en tu casa aceite procesado comercialmente cuando ya comenzaste a utilizar aceite presionado en frío o, en según el caso, mayonesa ligera preparada con sustitutos de grasa, cenas para tomar mientras ves la televisión, galletas con manteca y propionato de sodio, mantequilla de cacahuate con sal y aceite hidrogenado, papas fritas con sal o cereales con azúcar para el desayuno?

Recuerda que existe un equivalente saludable incluso para la comida menos sana. Tu hogar deberá albergar sólo lo mejor, y las reglas y herramientas deben ser el evangelio. Es tu opción, tu territorio.

Cuanto más bien puedas hacer cuando te sea posible, más mal podrás hacer cuando quieras o tengas que hacerlo.

El primer paso gigante que di hacia la delgadez y la salud fue eliminar de mi cocina los alimentos con conservadores y sustancias químicas. Me enorgullecía tener lo que llamaba un hogar "orgánico". Como expliqué antes, el cuerpo humano no fue creado para procesar todos esos ingredientes artificiales y, en todo caso, debe determinar qué puede hacer con ellos. Muchos de ellos en absoluto son procesados. Simplemente se quedan almacenados en el organismo. Otros, durante el proceso, provocan daño a las dotaciones de vitaminas y minerales de nuestro organismo, al tiempo que impiden el proceso digestivo. Guarda la basura para el exterior, donde no tienes ningún control sobre la calidad. Podrás alimentar tu corazón y tu alma cuando lo desees, si nutres el organismo cuando puedas.

Ahora bien, pasemos a cuestiones específicas:

- Si aún no te has deshecho de tu salero, hazlo ahora. En realidad, no existen excusas para tomar sal en casa. Recuerda, sea que te "hinches" o no, tu organismo sólo puede manejar una cantidad determinada de sal sin que haya represalias. Guarda la sal para cuando salgas, para cuando no tengas opciones, o bien para las comidas que no existan sin ella.

- Utiliza mantequilla sin sal.

- Siempre ten en reserva cantidades suficientes de los alimentos que se enumeran en *La nueva dieta de Beverly Hills*. No te expongas al fracaso al quedarte sin alimentos básicos. Debe haber un abundante abastecimiento de piña y papaya madurando en el alféizar de tu ventana, y en espera en el refrigerador, así como frutas secas: ciruelas pasa, pasas y chabacanos; además de una buena dotación de nueces y semillas guardadas con toda seguridad.

Deja de comprar vegetales enlatados. La mayor parte contiene sal y sustancias químicas. No obstante, los vegetales congelados son útiles para prepararlos en un santiamén.

Comparte *La nueva dieta de Beverly Hills* con tu familia. Prepárales comidas combinadas conscientemente, y no sólo les encantará, sino que se sentirán fabulosos y probablemente será mucho más divertido vivir con ellos.

Guarda tus comidas abiertas para cuando salgas. Mientras estés en casa, juega limpio. ¿Para qué hacer excepciones cuando no es necesario, cuando de cualquier modo quizá no haya nada tan fantástico? Cuando te des cuenta de los esplendores correctos que puedes crear en tu propia cocina, tu pequeña alma obesa estará en éxtasis perpetuo. Además, en casa podrás hacer y comer tanto de cualquier cosa como quieras.

Limpia los armarios. Deshazte de tu ropa de gordo. Ve de compras. Adquiere un nuevo secador de pelo o ve a un nuevo estilista para que te corte el cabello.

Llena tu casa de espejos. Refuerza tu nuevo y elevado estado de ánimo emocional al observar tu cuerpo y regocijarte en su perfección.

día 35

SANDÍA O UVAS

La buena vida es para ti: ¡bienvenido para siempre!

Lo lograste, encontraste la olla de oro al final del arco iris: la delgadez eterna. Te la ganaste, por eso enorgullécete de ti mismo porque yo estoy orgullosa de ti. Has entrado en la buena vida, en la tierra de la abundancia: de comida, de diversión y de tiempo para disfrutarla. Te has creado una vida para ti mismo que es un sueño vuelto realidad. Y ahora que lo sabes a ciencia cierta, ahora que de verdad crees que puedes ser tan delgado como quieras durante el resto de tu vida sin renunciar a nada, sin privarte nunca de nada. Tú lo sabes porque lo lograste. Estás experimentando las maravillas de la buena vida, que incluye todo lo que siempre quisiste. La comida es ahora la esclava y tú el amo; ella trabaja para ti, no en tu contra.

Han desaparecido todas las vergüenzas y degradaciones, los sinsabores, dolores y hambre, las dietas y las privaciones. Ya no existen. Se fueron para siempre. Has golpeado ese miserable y debilitante ciclo de obesidad, borraste la cinta. Tu conciencia de obesidad fue puesta a un lado por tu voz de flaco. Ya no estás gordo y nunca más lo estarás.

Hace cinco semanas te dije que tendrías que renunciar a tres cosas si querías que la delgadez se volviera una realidad permanente. A medida que renunciabas a la gordura, a medida que perdías tu culpa y, una por una, dejabas ir todas tus ideas preconcebidas acerca de la obesidad y de engordar, de las dietas y de la forma de llevarlas a cabo, las reemplazaste con orgullo y una confianza en ti mismo que nunca supiste que poseías. Has asumido el control de la esencia de tu vida y lo has puesto a trabajar en tu beneficio. Has aprendido a explotar la sinergia de tu mente y tu organismo. Eres poderoso. Tus pómulos y caderas son el gozoso testimonio de tu éxito.

Has pasado las últimas cinco semanas comprendiendo, aceptando e interiorizando el concepto del mañana, el concepto permanente que te mantendrá delgado. Ese es el núcleo del programa de *La nueva dieta de Beverly Hills*. Un mañana que sólo existía en tus fantasías más desbocadas está aquí, un mañana que hoy es realidad, un mañana libre del miedo.

El mañana está aquí para que tú lo celebres. ¿Te habrías imaginado subir a la báscula y ni siquiera tener que perder un kilo más? ¿Pudiste haber imaginado ser perfecto? ¿Te habrás dado cuenta de qué tanto de tu vida estaba manejado por la gordura? ¿Alguna vez te imaginaste un mañana que incluía todo lo que siempre quisiste comer, un mañana que te permitiría comer todo lo que tu corazón te pidiera sin tener que hacerlo hasta reventar? ¿Alguna vez te imaginaste un mañana en el que tendrías el control total, en el que desaparecería para siempre la antigua conciencia de dietas? ¿Alguna vez pensaste que podrías hacer que la comida trabajara en tu beneficio, no al renunciar a ella sino al simplemente liberar sus enzimas?

Por fin, puedes comerte todo ese pastel. ¿En realidad importa si te comes un bocado cada vez? Una por una, todas tus excusas han sido eliminadas. No hay nada que no puedas comer. Nada. Habrás eliminado tu mayor obstáculo a la delgadez: tú mismo.

Desapareció para siempre la conciencia de la obesidad, hundirse en la autoconmiseración, la obsesión con los puntos negativos; así como la desesperación, la desolación, la resignación y la culpa de estar gordo. Mantenerse delgado ya no significa hambre, privaciones ni una nube negra de "nuncas". La comida ya no dejará su poder y energía. Habrás aprendido a manipular la comida, a utilizarla para aprovechar al máximo su energía, a emplearla para mantenerte delgado.

Aquí está para siempre una realidad que incluye todo lo que siempre quisiste: una dieta que es una forma de vida, un sueño vuelto realidad, una dieta en la que nada engorda; una que integra antídotos en contra de todo lo que pudiera echarla a perder; en la cual, sin importar lo que comas, existen contrapartes correctivas para eliminar sus efectos; una dieta que alimenta tu organismo en vez de matarte de hambre.

Por primera vez en tu vida tienes permiso de disfrutar la comida, de hacerla una experiencia y de experimentar con ella. Por primera vez en tu vida habrás adoptado una forma de comer creada en torno a las comidas que te encantan. Lo que decides comer determina lo que tienes que comer. Nunca más tendrás que hacer trampa para obtener lo que quieres, porque no habrá ninguna dieta que se deba quebrantar. Esta es tu dieta, no de alguien más, y es para siempre.

Ya no tienes que demostrar nada nunca más. Has hecho un compromiso. Has puesto tu mente y tu intelecto en la comida. Has aprendido a hacer elecciones conscientes. Has eliminado para siempre la conciencia de dietas que perpetúan la gordura.

Por primera vez en tu vida, tienes una energía gloriosa, un cuerpo del cual puedes sentirte orgulloso y todas las municiones necesarias para mantenerlo así el resto de su vida.

Nunca antes luciste o te sentiste mejor: tu cabello brilla, tus ojos chispean, tu piel está radiante. Te levantas pleno de vigor, necesitas menos horas de sueño y, lo mejor de todo, te sientes fantástico contigo mismo. Es todo lo que siempre esperaste poder ser. Has llegado al núcleo de la nueva vida y de todo lo que ésta tiene que ofrecer.

Has aprendido a escuchar y a responder a tu organismo. Experimentas la comida y comprendes que la forma en que te hace sentir es mucho más importante que su sabor. Dado que ahora comprendes la totalidad de la comida, te das cuenta de que eres producto de lo que comes, nada más, nada menos. Has aprendido a amar la comida que te hace sentirte bien y un poco menos la que simplemente sabe bien. Tu corazón comprende y está de acuerdo.

Comer ya no sólo es función de tus emociones, es una reacción, un hábito. Ahora es un placer, es nutrición, es algo positivo. Al convertirte en una persona delgada confrontaste, reconociste y abandonaste a la persona gorda. Eliminaste su manto de secreto; ahora todos saben quién y qué eres. Saben que eres un "comedor" y que no te avergüenzas de ello. Bueno, ¿por qué deberías? ¡Ya no sufres más los efectos colaterales negativos! Ya no tienes que pretender ser quien no eres, ya no tienes que preparar excusas, ya puedes disfrutar de la comida en libertad, puedes desencadenar tus fantasías y fetiches más descabellados. Cuando detallas los atractivos de un mango, comunicas los deleites de una comida ingerida ayer, o anticipas con anhelo la experiencia gastronómica dentro de tres días, no te preocupes. Ya no te inquietas por lo que piensan los demás; tienes permiso de experimentar la comida y volverla toda una experiencia, así como toda la seguridad y el poder de una persona delgada, alguien que ya no se avergüenza de quien es.

Con tu nueva frazada de seguridad alimenticia, puedes comer lo que quieras, cada vez que lo quieras. Puedes tomar un suflé de chocolate como almuerzo, palomitas de maíz en el desayuno, o huevos estrellados para la cena. Cuando se trata de la comida, puedes hacer todo lo que quieras.

Estás experimentando la manera en que la comida llena de energía tu cuerpo, en vez de agotarlo. Has sido pionero en la transformación definitiva. En vez de comer para humillarte, como un refugio de la miseria, comes por el placer y el poder. Por primera vez en tu vida estás satisfecho, nunca más sentirás hambre, ni de comida ni de ninguna otra cosa. Habrás alcanzado la meta más difícil de tu vida y, ahora que lo hiciste, ahora que estás delgado, puedes hacer y tenerlo todo. Tu yo delgado tiene el control, y tú eres una persona poderosa.

De hecho, tu báscula se ha convertido en tu mejor amiga, en parte integral de tu vida, en tu punto de referencia, tu base de la realidad. Tu peso ya no es una medida de lo bueno y lo malo, sino un indicador de lo que funciona y de lo que no. Se trata de un parámetro que anota el estado de tu ser, no una soga en torno a tu conciencia. Cada vez que subes a esa báscula y celebras no tener que perder un kilo más, cada vez que saltas en ella y experimentas la emoción de decir, "Estoy perfecto", habrás colocado en su sitio un tabique más de delgadez y podrás poner la gordura mucho más lejos de ti. Ahora que puedes deleitarte con tu peso perfecto, puedes dejar que tus fantasías corran en libertad. ¡Ahora lo has conseguido para siempre!

Si puedes mantenerte por seis meses, podrás ser delgado para siempre. Los primeros meses de mantenimiento son el flagelo de la dorada piña, la némesis de la buena vida, en lo mental, en lo emocional y en lo físico. En realidad te ponen a prueba. Durante los primeros y traicioneros seis meses, a medida que el proceso de limpieza continúa, mientras tu organismo se estabiliza por rachas, por altas y bajas, y tu cerebro absorbe, asimila y ajusta, tú avanzas de lo negativo a lo positivo; descartas tu conciencia obesa y la reemplazas con delgadez. Estás fijando la dorada piña para siempre en tu corazón.

Si bien cada semana que transcurre reafirmas la delgadez y socavas la gordura, nunca olvides de donde provienes. La gordura y el letargo están tan cerca como el mañana. No se detendrán ante nada para reclamarte. Ahora que has adoptado la nueva vida, aférrate a ella. No te des por vencido y no renuncies. No caigas de nuevo en tu conciencia de obesidad; ya lo hiciste durante mucho tiempo. Sólo tienes que saber que ahí está, preparada para hacer presa de tus vulnerabilidades. Goza en la permanencia de lo delgado, aférrate a ella y no la dejes ir. Regocíjate, aprécialo y disfrútalo. Te lo has ganado.

Y ya sabes que yo también necesito de tu éxito. Tú eres mi razón para hacer todo esto. Tu éxito también lo es mío. Es la prueba viviente, y de carne y hueso, de que existe una cura para la obesidad y de que ser delgado no es un fenómeno pasajero. La combinación consciente significa delgadez eterna. Tú has contribuido a cambiar las estadísticas. Permíteme darte la bienvenida al mundo de lo permanente.

Si bien ahora estás sólo, no me preocupa. Sé que puedes hacerlo. Te has convertido en parte de una red muy especial de delgados, y estaremos unidos para siempre.

Ahora puedes tenerlo todo: hamburguesas y huesos de la cadera, pastel de queso y pómulos. Ciertamente eres un combinador consciente de primer orden.

Felicidades, flaco; estoy orgullosa de ti.

Flaco renacido

fase dos

¿Aún tenemos cosas que hacer? No te preocupes, no me voy a ningún lado; estoy aquí y sigo contigo. Estaré contigo durante el tiempo que requieras.

¿Estás viéndose como el nuevo tú? El nuevo flaco en el que estás a punto de convertirte. Un puente no se construye antes de que alguien lo diseñe. Es imposible erigir un rascacielos antes de que exista un plano. Todo comienza con una idea, una imagen. Y eso incluye tu nuevo cuerpo.

Sé que es difícil; has crecido acostumbrado a esa antigua imagen de gordura y una mera pérdida de kilos no necesariamente cambiará eso, no si aún usas las mismas viejas ropas, si sigues llevando ese mismo corte antiguo de cabello, es decir, todas las cosas que iban con tu antigua personalidad.

Por eso, en este día de sandías, no sólo enjuaguemos la gordura; también hagámoslo con tu antigua imagen gorda. ¡Cómprate un nuevo guardarropa, hazte un nuevo corte de cabello y luego mírate en el espejo y observa al nuevo tú!

De acuerdo, así que aún no eres perfecto. No has logrado la meta. Pero sólo es cuestión de tiempo. Mientras tanto, simplemente continúa haciendo lo mismo que has hecho: comer, disfrutar y adelgazar. Adelante, los últimos 35 días no han sido exactamente una tortura. Es cierto, no todos los días han sido hamburguesas desde el paraíso, ¿pero cuántos días eran el "paraíso" cuando estabas gordo? ¿Qué tanto de tus antiguos hábitos disfrutabas en realidad (más allá, por supuesto, de los escasos momentos en que la comida estaba en tu boca)? Tú no quieres regresar a eso, ¿o sí? Por supuesto que no. Y existen varias maneras de continuar.

Ya hablamos mucho del mantenimiento; ahora empleemos algo de tiempo viendo como continuarás perdiendo peso. Los últimos 35 días te proporcionaron una base firme.

La pérdida continua de peso es un apretón, de modo que aprietes ese cinturón un agujero más estrecho y vamos a buscarlo. ¿Cómo? Podrías regresar al primer día y comenzar de nuevo el proceso. Pero no lo hagas. La sorpresa habrá desaparecido. Es demasiado repetitivo y te aburrirás. En lugar de eso, elige cualquier día: no importa cuál, sino el compromiso para seguirlo a lo largo de incrementos de siete días. Los días están en una secuencia cuidadosamente planeada, cada uno se yuxtapone con el siguiente de manera específica, por razones nutricionales y enzimáticas. Lo importante es que hagas siete días seguidos. Confía en mí, si lo no haces, no funcionará.

Ahora bien, por supuesto que puedes hacer más de siete días seguidos, pero este es el mínimo cuando se hace una dieta fuera de contexto. Si no te fue muy bien en los últimos días abiertos, regresa a tu diario de dietas y a tus hojas de reconstrucción. ¿Qué comiste y qué estás dispuesto a eliminar ahora? Facilítate un poco las cosas, come algo nuevo, algo que no hayas probado la última vez. No será tan difícil, ahora que de verdad comprendes que nada saldrá del planeta.

Tómate una semana libre de vez en cuando, y sigue a una semana de mantenimiento. Prográmalo como lo describí en el día treinta.

Cada vez que comiences una nueva semana, lee otra vez la sección correspondiente. Permíteme ayudarte, déjame reforzar tu aura de delgado. Perderás peso, adelgazarás. Quizá no sea mañana, pero cada día te acercarás cada vez más al sueño que pronto se volverá una realidad. De modo que no te des por vencido, sólo cede, cede a la delgadez.

Pronto, ese mañana de siempre estará aquí para ti también.

¡FELICIDADES!

Tu victoria es testimonio patente de las maravillas del programa de *La nueva dieta de Beverly Hills.* Tu éxito lo proclama. Tu brillo le infunde vida a la combinación consciente, da esperanza a millones de gorditos que están esperando a ver, a escuchar: aquellos que necesitan más pruebas, quienes están menos dispuestos que tú a estar a la vanguardia.

No sólo hemos descubierto que puedes ser tan delgado como quieras por el resto de tu vida, lo hemos hecho. Si tú puedes, también los demás podrán. Asume el reto y únete a mí en la tierra de la piña, donde podremos proclamar nuestra victoria.

Una vez que hayas completado tus 35 días iniciales, envíame una copia de tu diario de dietas y de tus fotografías de antes y después, así como algunos comentarios acerca de tus experiencias. Si agregas un sobre con tu dirección y una estampilla de correos, te enviaré un certificado de graduación; o debería decir un certificado de nacimiento para un flaco renacido. Envía estos brillantes informes a:

Judy Mazel
ClubSlim
17250 Sunset Boulevard # 301
Pacific Palisades, CA 90272
(310) 573-4263

También estás invitado a unirte a mí y a otros flacos en la red mundial para conversar, apoyar y comunicarse con los demás en la página de *La nueva dieta de Beverly Hills*: http://www.cyberskinny.com

Notas

Índice analítico

Contenido